à couserées

J. 1208.
(6)

503
4902

LES SIRENES,
OU
DISCOURS
SUR LEUR FORME
ET FIGURE.

A MONSEIGNEUR
LE CHANCELIER.

A PARIS,
Chez JEAN ANISSON Directeur de l'Imprimerie
Royale, ruë Saint Jacques à la Fleur de Lys de Florence.

M. DC. XCI.
AVEC PRIVILEGE DU ROY.

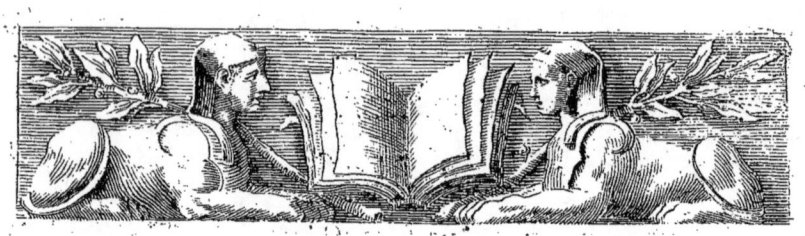

AVERTISSEMENT.

Les divers retardemens survenus à l'impression de ce Discours n'ont pas permis qu'il parût plûtôt, & qu'on ait satisfait au desir de beaucoup de gens qui le demandent il y a long-temps avec empressement. J'espere qu'on nous le pardonnera, si nous n'avons pas répondu à cette attente avec toute la promptitude que nous aurions souhaité, & qu'on n'excusera pas moins tous les autres défauts qu'on y peut remarquer, soit dans le style & la diction, soit dans les digressions peut-être un peu trop frequentes & trop diffuses ; quoique nous nous soyons étudiez autant que nous avons pu de ne point sortir de nôtre sujet. Car s'il nous est arrivé de parler de la Peinture & de la Musique, nous avions à faire le portrait des Sirenes, & à faire entendre leur chant. Nous nous sommes d'ailleurs étendus sur deux faits particuliers, & sur deux excellens Ouvrages qui regardent ces beaux arts, dont les curieux ne peuvent nous sçavoir que du gré de les leur avoir fait connoître. Enfin si nous avons un peu vogué en haute mer, nous n'avons jamais perdu la plage de veuë, & nous y avons toûjours découvert les Sirenes ; nous avons même été les chercher jusque dans le ciel & dans l'air, aussi-bien que sur la terre & sur l'eau ; car les Sirenes se trouvent par tout. On le peut voir dans le Cartouche suivant que nous avons mis à la teste de ce Discours, pour servir comme d'emblême & de tableau racourci de tout ce que nous disons à leur sujet. J'ose me promettre aprés cela, cher Lecteur, que vous le recevrez agreablement, & d'autant plus qu'il y est fait mention du Cabinet, je veux dire d'une des plus anciennes & plus celebres Assemblées de gens de lettres de Paris, dont vous ferez bien aise d'apprendre l'origine & les progrés, & où la question des Sirenes touchant leur forme & figure, qui a donné lieu à ce Discours, a été proposée.

LES
SIRENES.

A MONSEIGNEUR
LE CHANCELIER.

ONSEIGNEUR,

Il m'est si glorieux d'avoir pû plaire à Vostre
Grandeur par quelques petits Ouvrages que

A

le hazard m'a fait mettre au jour, que j'ose luy presenter celuy-cy, qui a encore eu le même sort; mais tres-heureux pour moy, puisque le sujet, quoique fabuleux, luy a paru agreable, & propre à la divertir parmi les grandes & importantes occupations de son ministere.

Je l'entretiendray donc d'une fable ancienne: le passé est quelquefois meilleur que le present, & les fables même valent bien des histoires incertaines & peu veritables. Je luy mettray sous les yeux LES SIRENES, qui ont servi d'entretien pendant quelque temps à cette illustre Assemblée si connue sous le nom de Cabinet; elles feront plus de saison en Eté qu'en Hyver; elles nous fourniront comme une espece d'Opera, & de petit concert de voix & d'instrumens, qui mêlez au bruit des armes & des canons, feront une symphonie agreable. Elles paroistront d'ailleurs en mer à nostre Flotte & à nos Vaisseaux, comme de bons augures & d'heureux présages; & n'empescheront nullement nos Argonautes d'arriver à leurs conquêtes.

Vous êtes, MONSEIGNEUR, le puissant & souverain protecteur de la Justice; mais vous ne l'êtes pas moins des Muses & des belles lettres. Les Sirenes, qui sont filles des Muses, esperent de vous la même grace que leurs meres; & comme elles sont aussi le symbole d'une parfaite eloquence, elles ne peuvent s'adresser à une personne qui en ait une plus persuasive, que vostre Grandeur, & qui s'insinuë avec plus d'agrément dans les cœurs. En effet, qui est jamais sorti d'auprés d'elle, que charmé des manieres honnestes & engageantes dont elle accompagne tous ses discours? Platon dit que les Sirenes sont inséparables des personnes gayes & de belle humeur, & qu'elles les suivent par tout. Un air serein & tranquille paroît toûjours sur vostre visage, qu'aucun nuage n'a jamais obscurci. Vous joignez, MONSEIGNEUR, à tant de graces un amour inviolable de la justice, & une vigilance extrême à la faire observer. Ce n'est pas aussi sans raison que vous portez dans vos Armes le symbole parfait de cette vertu, qui nous y est representée par un Cocq, auquel les Sirenes ressembloient par la partie inferieure, comme nous le ferons voir dans la suite de ce discours. Vous ajoûtez encore à cette vigilance si convenable à un premier Ministre de la Justice toutes les autres vertus & belles qualitez qui luy sont necessaires. D'où il ne faut pas s'étonner si Loüis le Grand, qui sçait si bien connoître le merite des personnes, en a été charmé le premier, & vous a confié la premiere dignité de son Royaume.

Il n'est pas moins avantageux au Cabinet, MONSEIGNEUR, que l'Académie Françoise luy ait proposé la question des Sirenes à resoudre, qu'à moy d'entretenir vostre Grandeur d'un sujet si agreable, & de l'en régaler parmi ses plus serieux emplois.

Ces Messieurs qui enchantent le monde par leurs discours & par leurs beaux Ouvrages, & qui comme des arbitres souverains & des oracles infaillibles decident de tout ce qui regarde les belles lettres, ont bien voulu néanmoins luy demander son avis sur ce sujet.

I.
HISTOIRE du Cabinet.

Il y a plus d'un siecle que cette illustre Assemblée de Paris, qu'on appelle *le Cabinet*, subsiste avec le mesme éclat qu'elle a eu dans son commencement. Elle est toûjours composée d'un grand nombre d'honnêtes gens, & des plus habiles de Paris & des Provinces, des plus illustres de l'épée & de la robe. On y a veu même des Ambassadeurs & des Envoyez des Princes étrangers qui l'ont honorée de leur presence. Tel fut autrefois ce fameux Cabinet d'Alexandrie, dont Strabon nous fait une si belle & si agreable description.

Lib. ultimo.

Plusieurs de Messieurs de l'Academie luy font souvent honneur de le frequenter. Il ne sera pas inutile, MONSEIGNEUR, de marquer icy en peu de mots son origine & son progrez avant que d'entrer dans le discours des Sirenes.

Chacun sçait que l'Académie Françoise & ses assemblées ont commencé en 1634. mais que l'Edit de la vérification de son établissement n'a esté enregistré qu'en Juillet 1637. comme on l'apprend de son illustre Historien Monsieur Pellisson, qui en a fixé l'époque à ce temps-là. Les Assemblées du Cabinet commencerent proprement en 1616. à prendre ce nom chez Monsieur de Thou, un an avant la mort de ce celebre Historien de France, President à Mortier au Parlement de Paris.

Ce n'est pas qu'on n'ait tenu chez luy des Assemblées de Sçavans avant ce temps-là : on en tenoit même tous les Dimanches & toutes les Fêtes dans le Cloistre des Cordeliers depuis huit heures du matin jusqu'à onze, comme je l'apprens du même Monsieur de Thou dans le Recüeil imprimé sous le titre de *Thuana*. *Messieurs Pithou, Dupuy, le Fevre, Houlier, Hotman, & quelquefois Servin s'y trouvoient; là ils communiquoient de lettres, & falloit estre bien fondé pour être de leur compagnie; pour moy* (dit M. de Thou) *je ne faisois qu'écouter. Cette Compagnie se trouvoit chez moy les Fêtes aprés difné, où M. Scaliger étoit fouvent. J'ay appris tout ce que je fçay en leur compagnie.*

J'ay aussi appris toutes ces choses par la bouche de deux grands personnages, ornemens autrefois du Cabinet, Monsieur Boüillaud & Monsieur Ménage, qui est présentement le plus ancien. Ces sçavans hommes pourroient nous faire une belle histoire du Cabinet : mais le grand âge du premier, & sa santé ne luy permettent pas, & le second est tellement occupé à illustrer la Langue Françoise, & à nous en chercher les origines les plus cachées dans l'édition qui s'en fait pour une seconde fois, augmentée d'une infinité d'observations curieuses, dignes de sa grande érudition, qu'il ne peut se donner le temps de penser à d'autres choses.

Aprés la mort de Monsieur le Président de Thou arrivée en 1617. les assemblées continuerent dans sa maison jusqu'en 1643. sous les deux Messieurs Dupuys comme sous deux astres benins, & favorables, qui y ont pendant long-temps répandu leurs douces influences.

Il ne faut pas oublier de dire icy à leur avantage, & en faveur du Cabinet, ce que le sçavant Monsieur de Saumaise mon compatriote & concitoyen dit dans ses observations sur le Droit Attique & Romain contre Monsieur Airauld Avocat au Parlement, qu'il dédie à ces Messieurs: c'est dans l'Epître dédicatoire même, où il parle du Cabinet en ces termes: *Qua in causa cognoscenda, & judicio super ea ferendo adhibebitis utique, nisi me conjectura fallit, quasi* πάρεδροις, *eruditos illos, qui vestras ades reverà* μουσῶν ἕδρας *omnibus doctis patentes, quotidie frequentant, Rigaltios, Saravios, Guietos, Valesios, Menagios, Bullialdos & alios,* comme pouvoient être Messieurs Gaumin, de Montmort, du Cange, d'Herouval, & tant d'excellens hommes qui frequentoient le Cabinet, dont nous laissons le soin de parler à ceux qui nous en donneront une histoire entiere & complette.

Il nous suffit dans la petite ébauche que nous en faisons icy, d'en donner une simple idée: mais je ne sçaurois m'empescher d'y faire en passant une particuliere mention d'un des meilleurs amis de M. de Saumaise, qu'il ne devoit pas oublier, qui a esté executeur de son testament avec défunt M. de la Mare, auquel il a fait part de son amitié, quoy qu'il fust fort jeune, & d'un âge fort different du sien, parce qu'il reconnoissoit en luy des talens singuliers pour toutes les sciences. Je présume qu'il frequentoit deflors le Cabinet, eftant déja connû de la plufpart des fçavans de ce temps-là. J'entends parler de M. Lantin Confeiller au Parlement de Dijon, qui vient de nous donner fur les Plantes un ouvrage pofthume de ce fçavant homme, ajoufté à la nouvelle édition de Hollande de fon fameux Livre *Exercitationes Pliniana in Solinum*. M. Lantin a mis une Préface de fa façon à cet ouvrage pofthume, par laquelle il fait connoître fon érudition particuliere, dont il va donner au premier jour des marques encore plus confiderables, fur tout dans la fcience des Nombres qu'il poffede parfaitement ; c'eft la traduction Latine d'un manufcrit Grec de *Pappus Alexandrinus*, qui luy eft tombé entre les mains, à laquelle il pourra en ajoûter une nouvelle de l'Arithmetique de *Nicomachus Gerafenus*, avec d'excellentes notes, où il découvrira de tres-belles chofes, & tres particulieres de l'antiquité Grecque fur les Nombres, & fur l'Analyfe des anciens. L'on me permettra cette difgreffion en faveur d'un de mes compatriotes & concitoyen auffi-bien que M. de Saumaife, & que j'honore infiniment pour fon merite, qui fait honneur au Cabinet, & qui me fait part il y a long-temps de fon amitié. Reprenons noftre hiftoire.

M. Ri-

M. Rigault Bibliotehcaire du Roy ayant été pourveû d'une Charge de Conseiller au Parlement de Mets sa patrie, se démit de celle de Bibliothecaire en faveur de ces deux illustres freres Pierre & Jacques Dupuy. Ce qui fit que l'on transfera les Assemblées à la Bibliotheque du Roy, qui étoit pour lors dans la ruë de la Harpe.

Pierre Dupuy, l'aisné de ces deux Messieurs, estant mort en 1651. Jacques Dupuy son cadet continua seul les assemblées dans la Bibliotheque jusqu'à sa mort arrivée en 1656.

Ensuite Monsieur l'Abbé Colbert Prieur de Sorbonne fut fait Bibliothecaire du Roy. Il établit sa demeure dans la Bibliotheque : mais il n'y entretint pas les assemblées, ayant esté fait quelques temps aprés Evesque de Luçon.

Quelques amis de M. Huet, aujourd'huy Evesque d'Avranches, voulurent en ce temps-là luy procurer cet employ de Bibliothecaire, dont ce sçavant Prélat se seroit parfaitement bien acquité.

M. de Thou le dernier mort remit les assemblées chez luy, & les continua assez long-temps, jusqu'à ce qu'ayant esté loger dans une extrémité de la Ville, où elles ne pouvoient plus se tenir commodément, elles se firent dans la ruë Serpente chez M. Salmon

B

Garde des Rôlles des Offices de France, si distingué par son mérite, & par les manieres honnêtes & obligeantes dont il usoit envers tout le monde.

Depuis sa mort qui arriva en 1680. M. de Vilvault son gendre, Conseiller du Roy en ses Conseils & Maître des Requêtes ordinaire de son Hôtel, les continuë si agreablement dans la ruë Haute-feuille qu'il est à souhaiter qu'il vive une longue suite d'années pour en prolonger le plaisir, & pour animer toûjours comme il fait cette celebre assemblée & par son exemple, & par ses discours.

Nous pourrions parler icy des personnes qui composent aujourd'huy le Cabinet, si leur modestie ne s'y opposoit. Vous y reconnoîtriez, MONSEIGNEUR, des gens sçavans en toute sorte d'érudition, dans les Langues, dans les Arts, dans la Philosophie, dans les Mathematiques, dans la belle Antiquité, dans la Jurisprudence, tant civile que canonique, dans la Geographie ancienne & moderne, dans la Chronologie, dans l'Histoire sacrée & profane, dans les Genealogies des familles de l'Europe, & dans les interests des Princes, & sur tout des Rois de France, & de leurs prérogatives sur les autres ; enfin dans toute sorte de belles lettres.

LES SIRENES.

Vous avez, MONSEIGNEUR, dans la part que vous prenez si genereusement à leur avancement, fait choix (pour travailler au Journal des sçavans) d'une personne d'entre ces Messieurs d'un merite tres-distingué, qui honore assiduëment le Cabinet de sa presence, & qui en est un des principaux ornemens, connu d'ailleurs par les excellens Ouvrages qu'il a mis au jour, & qui nous en promet encore beaucoup d'autres: aussi s'aquitte-t-il de cet employ tres-dignement au gré & à la satisfaction de tout le monde, soit dans le choix des matieres & des Livres qu'il y employe, soit dans la pureté du langage avec lequel il en parle, soit dans la justesse & l'exactitude des extraits qu'il en fait, soit enfin dans le discernement & la prudence avec laquelle il y traite toutes choses.

Voilà, MONSEIGNEUR, un petit abregé de l'Histoire du Cabinet, que quelques autres pourront donner un jour plus au long, & l'embellir de plusieurs circonstances curieuses.

Ne puis-je pas ajoûter que les assemblées du Cabinet ont servi de modele à plusieurs autres qui se tiennent en divers quartiers de Paris?

Telle est celle qui se tient au Cloîstre de

Noſtre-Dame chez M. Ménage, où pluſieurs perſonnes du Cabinet ont coûtume de ſe trouver, & l'on n'en ſort jamais que l'eſprit rempli d'une infinité de choſes agreables. Ce ſçavant homme a la memoire ſi remplie & ſi fraîche de tout ce qu'il a jamais leu dans les meilleurs & plus celebres Auteurs, qu'il eſt comme une Bibliotheque vivante, qui fourniroit dans un beſoin toute ſeule aux entretiens de cette Aſſemblée.

Telle eſt auſſi celle qui ſe tient tous les Mardis à la Place Royale chez M. l'Abbé de Dangeau, où pluſieurs perſonnes du Cabinet ſe rendent ; & où cet illuſtre & ſçavant Abbé (qui a donné lieu à ce diſcours) parmi cent bonnes choſes qui s'y diſent, a ſoin d'entretenir la compagnie de tout ce qu'il y a de plus curieux dans les arts, dans les ſciences & dans les belles lettres qu'il poſſede parfaitement.

Celle qui ſe tient ſur les Foſſez de M. le Prince, chez le ſage & ſçavant Ulyſſe M. d'Herbelot l'aiſné, eſt auſſi du nombre. Le public attend avec impatience les fruits de ſes doctes veilles & de ſes voyages, dans ce rare & excellent ouvrage, qui eſt preſentement ſous la preſſe ; je veux dire cette Bibliotheque Orientale ſi deſirée de chacun.

Il ne faut pas oublier celle qui ſe tient tous

les Jeudis sur l'étude de l'Antiquité & des Medailles, ruë saint Jacques, chez M. le premier President du grand Conseil, l'illustre & sçavant M. Bignon, qui honore quelquefois le Cabinet de sa presence. (Cette Assemblée a commencé heureusement chez M. le Duc d'Aumont.) L'on y travaille à illustrer l'Histoire ancienne par ces sortes de monumens, & sur tout à nous donner les Vies des Empereurs Romains sur ces preuves certaines & incontestables. Ce sçavant Magistrat doit bien-tost donner au public un avant-goust de ce bel Ouvrage, par la Vie qu'il a faite de l'incomparable Empereur dont il imite les vertus, Marc Aurele Antonin. J'ay été invité par cette celebre Assemblée de travailler à celle de Commode; c'est-à-dire, de faire la Vie d'un méchant Empereur & d'un méchant fils pour l'opposer à celle d'un bon pere; & par ainsi mettre les ombres à un beau tableau pour luy donner en quelque façon plus d'éclat & de relief; ce qui m'est extrémement glorieux si je puis y réussir. Ce n'est pas selon Lucien une chose de peu d'importance dans la peinture, que de sçavoir bien donner les ombres. *In Zeuxide*

M. Vaillant ce celebre & fameux Antiquaire, qui se trouve souvent au Cabinet, tient aussi chez luy, ruë Saint Dominique derriere le Luxembourg, tous les Mecredis une assemblée, où il reçoit ses amis amateurs de l'antiquité, ausquels il fait part de ses rares découvertes dans la science des Medailles, où il s'est acquis une connoissance parfaite & singuliere. Ses ouvrages en font foy, & ce grand Antiquaire nous en promet encore d'autres, qui feront honneur à l'antiquité, & ne cederont point aux premiers.

Nous ne parlons point icy de tant d'autres assemblées, qui ne subsistent plus & qui s'étoient formées sur le modéle du Cabinet, comme pouvoit être celle de l'illustre M. de Lamoignon, premier President au Parlement, de M. Justel, de M. Ogier, de M. Bourdelot, de M. Conrart, de M. Miton, & de plusieurs autres; mais il est temps de venir à l'Histoire des Sirenes.

I I. Sujet de ce Discours. Messieurs les Abbez de Dangeau & de Choisi étant venus au Cabinet il y a quelques mois, selon leur coûtume, au sortir de l'Academie Françoise, rapporterent qu'à l'occasion d'un passage de Virgile il s'y étoit agité une difficulté sur les Sirenes, sçavoir si elles étoient oiseaux, ou poissons; le sçavant M. Huet Evesque d'Avranches ayant dit qu'elles étoient oiseaux fut un peu contredit, & l'on ne fut point de son avis.

LES SIRENES.

M. l'Abbé de Dangeau voulut avoir celuy du Cabinet ; il invita ceux qui s'y étoient trouvez pour lors d'y penser & d'en vouloir dire le lendemain leur sentiment à la Compagnie. J'y apportay quelques livres de figures qui decidoient la chose en faveur des oyseaux, tant par les bas reliefs anciens où les Sirenes étoient representées, que par les Medailles, y en ayant mesme dans ces Livres de frappées du temps de Virgile qui avoit donné lieu à la question.

M. Guillard si sçavant dans l'Histoire & dans la Geographie tant ancienne que moderne apporta le lendemain un Recueil tres-exact des passages des Poëtes, des Mythologistes & des autres Auteurs, qui ont parlé des Sirenes, démêlant sur tout par la grande connoissance qu'il a de la Geographie, la situation des lieux, qui leur ont donné les noms de *Leucosie, Ligée,* & *Parthenope.*

M. le Comte de Pontac si versé dans la langue Hebraïque produisit après cela au Cabinet un écrit d'une profonde érudition sur les Sirenes, tiré de la doctrine la plus mysterieuse des Hebreux.

Cela me donna envie de dresser le plan d'un discours sur les Sirenes, & d'en tracer grossierement quelques lignes sur le papier que je montray le jour suivant à un de mes amis, qu'on pourroit à juste titre appeller la Sirene du Cabinet, à cause de son éloquence persuasive & charmante. Il m'invita à le remplir, & à le perfectionner. J'ay essayé de satisfaire à son desir, & de surmonter ma paresse naturelle qui est une cruelle Sirene.

Horat. lib. 2. Sermonum.

Placanda est improba Siren Desidia.

Mais vous m'avez, MONSEIGNEUR, déterminé plus que personne à poursuivre ce dessein, & achever l'ébauche que j'en avois commencée : trop heureux si je puis y réussir & faire un tableau des Sirenes qui plaise à vostre Grandeur.

III. PRELIMINAIRES à la question des Sirenes.

Avant que d'y mettre la main & venir à l'état principal de la question que nous avons à resoudre touchant la figure & la forme des Sirenes, il est à propos, pour en parler avec plus d'ordre & de certitude, de dire quelque chose de leur origine, de leur naissance, de leurs noms, de leur nombre, du lieu de leur habitation, de leur chant, & de leur mort, ou pour mieux dire, de leur metamorphose.

IV. TRAITÉ de Paul Lomazze *della forma delle Muse*.

Toutes ces choses paroissent fort obscures dans les fables des Poëtes; & les Mythologistes ne sont gueres d'accord entr'eux sur ce sujet; mais nous tâcherons à les démêler autant qu'il se pourra, & d'imiter en cette rencontre un grand

grand Peintre d'Italie, qui nous a laiſſé d'excellens Livres ſur la Peinture; c'eſt Paul Lo-
mazzo Milanois, qui outre ces Livres nous a
encore donné un Traité particulier *de la forme des Muſes*, tiré des plus anciens Auteurs
Grecs & Latins, ouvrage tres-utile aux Peintres & aux Sculpteurs. Il y parle du nom des
Muſes, de leur nombre, de leurs qualitez, &
de beaucoup d'autres choſes qui leur appar-
tiennent. Nous ferons la même choſe touchant les Sirenes en faveur des mêmes Peintres & des Sculpteurs, auſquels ce diſcours ne
ſera pas moins utile que celuy des Muſes, par
le rapport qu'elles ont entr'elles, pluſieurs même ne les ayant point diſtinguées.

Mais je ſouhaiterois fort pour une plus
grande utilité & ſatisfaction des Peintres, &
de tous ceux qui aiment la peinture, qu'on
nous eût donné l'excellent ouvrage de M.
du Jon *De Pictura veterum*, augmenté d'u-
ne infinité de belles choſes ſur cet art, &
ſur tout, les Vies des Peintres & autres Ou-
vriers de l'antiquité que ce ſçavant homme a
ajoûtées à ce que nous avons dans l'impreſſion
qui en a été faite en Hollande. M. Colo-
miez parle de cet ouvrage dans quelques
endroits de ſes Opuſcules; & c'eſtoit aſſeurément le deſſein de M. du Jon de le don-

V. DE L'Ouvrage poſthume de la Peinture de M. du Jon.

1637.

ner au public, si la mort ne l'eût prévenu.

Le Cabinet qui est utile à toutes choses, & particulierement à ce qui regarde les interests de la Republique des lettres, à cause du commerce des sçavans qui le frequentent, m'a fourni l'occasion de déterrer où étoit ce tresor par le moyen d'un Hollandois homme de lettres & d'esprit qui s'y trouvoit assiduëment il y a environ trois ans. Il me dit que ce manuscrit de M. du Jon étoit à Groningue chez les heritiers de ce sçavant homme. Je l'écrivis sur le champ à M. Grævius à Utrekt qui en écrivit luy-même ensuite à ces Messieurs. Ils luy firent réponse qu'ils étoient tellement occupez à la reparation de leurs digues la pluspart rompuës, qu'ils renonçoient à la peinture, & ne songeoient rien moins qu'à des manuscrits. Cependant je ne me rebuttay point. Je pressay M. Grævius de les solliciter quelque temps aprés : enfin le manuscrit luy fut envoyé qu'il a promené par toutes les Villes de Hollande, sans pouvoir trouver un Imprimeur qui se soit voulu charger de l'impression d'un si excellent ouvrage, tant les belles lettres sont maintenant abandonnées dans un païs où elles ont été si florissantes. Voicy ce que ce sçavant homme m'en écrivoit il y a quelque temps dans une

M. Woneck.

lettre, où il me promet de travailler avec soin pour trouver un Imprimeur à un Livre d'un de mes amis que je luy avois recommandé; pourveû, dit-il, que je trouve de la difposition dans nos gens, dont je ne réponds pas, *Quamvis id præstare non sustineam*, & voicy la raison qu'il en ajoûte, *cum nullus nostrorum hominum manus voluerit admovere pulcherrimo & perfectissimo Commentario Junii de Pictura, pictoribusque & aliis artificibus prisci temporis.* C'est ce qui a obligé M. Grævius à mettre ce manuscrit entre les mains de M. Witt pour le donner au jour avec tant de belles choses qu'il nous promet dans son *Musæum Vvittianum*, où il nous étallera les riches dépoüilles qu'il a faites dans son voyage d'Italie, de Naples, de Sicile, de Malthe, & des lieux adjacents, soit en manuscrits, inscriptions, medailles, pierres gravées, tableaux, desseins, bas reliefs, vases antiques, dont il a fait une recherche particuliere, tant dans les desseins qu'il en a fait faire par un Peintre qu'il avoit avec luy, que par les vases mêmes qu'il a rapporté. Je ne doute pas que parmi tant de raretez & de fragmens precieux de l'antiquité, on ne découvre quelque chose de favorable aux Sirenes.

VI. Erreurs des Peintres.

La plûpart des Peintres, pour ne pas dire

quasi tous, (si nous en exceptons toutefois Annibal Carache qui les a assez bien peintes dans Rome au Palais Farnese) se sont éloignez en cette rencontre de leur maître & de leur guide qui est Homere, ce pere des inventions. Ils les ont tous representées, sans aucune difference, comme des Néreïdes, n'ayant pas fait d'attention aux deux états dans lesquels il les faut considerer, & dont nous parlerons plus bas: il les ont toutes peintes en celuy qu'elles ont eu aprés s'être precipitées dans la mer, & avoir été changées en demi-poissons vaincuës & surmontées par les adresses d'Ulysse.

VII. DE L'ORIGINE & de la naissance des Sirenes.

L'origine & la naissance des Sirenes n'est pas moins obscure parmi les Poëtes & les Mythologistes, que celle des Muses dont elles sont sorties suivant quelques-uns. Platon même traite les Muses de Sirenes, & Columelle cette Sirene latine les traite de Compagnes des Muses, & les invoque ainsi dans les beaux Livres qu'il nous a laissez de l'Agriculture.

Nunc vos Pegasidum comites Acheloïdes oro.
Elles sont filles d'Acheloüs. Ce pere est certain, mais leur mere est fort incertaine; car les uns veulent que ce soit Melpomene, les autres Calliope, les autres Terpsicore, ceux qui les font descendre des Pleyades, ne leur donnent pas la plus obscure pour mere; ils

veulent que ce soit *Sterope*; d'autres les font sortir de la Corne d'Acheloüs. En voicy l'histoire.

Hercule ayant eu quelque démêlé avec Acheloüs au sujet de Dejanire, ils en vinrent aux prises. Acheloüs se reconnoissant dans le combat inferieur en force à ce Dieu, chercha tous les moyens de ne point succomber, & pour cela il prit plusieurs formes; premierement celle de Serpent, & ensuite celle de Taureau : Hercule luy arracha une corne, qu'on a appellée *la Corne d'abondance*, qui fut donnée à la Fortune comme sa compagne inséparable : Acheloüs ne pouvant souffrir d'être privé d'une de ses cornes, pour la r'avoir donna celle d'Amalthée à Hercule qui luy rendit la sienne; mais enfin vaincu par ce Heros il se cacha dans un Fleuve qui porte son nom, & qu'on represente avec deux cornes. Les Poëtes disent que du sang qui sortit de cette Corne arrachée par Hercule nâquirent les Sirenes. Voila l'origine & la naissance fabuleuse des Sirenes.

Le nombre des Sirenes a eu le même sort que celuy des Muses. Il y en a qui n'en veulent que deux. Homere est de ce nombre; il ne dit pas même leurs noms. D'autres trois, d'autres quatre. Ceux qui n'en mettent que

VIII. Du NOMBRE DES Sirenes.

deux comme Homere, les ont appellées Aglaophon & Thebciope; ceux qui en ont feint trois, Leucosie, Ligie & Parthenope, ou bien Thebciope (autrement Thebcionoë) Molpe & Aglaophon: d'autres pour Molpe ont mis Pisinoë, ou en ont fait une quatriéme: il y en a même qui portent leur nombre jusqu'à cinq.

IX.
Du LIEU & de l'habitation des Sirenes.
Odyss. 12.
Æneid. 5.

Le lieu & l'habitation des Sirenes n'est pas moins incertain que le reste parmi les Auteurs qui nous en ont parlé: Homere dit qu'elles demeuroient dans un Pré environné de toutes parts d'ossemens d'hommes morts qu'elles y avoient attirez par leur chant, & qui y avoient fini leur vie, ce que Virgile son imitateur (qui les place sur des écueils) a dit aussi par ces deux vers qui ont donné occasion à cet entretien.

Jamque adeo scopulos Sirenum advecta subibat

Difficiles quondam multorumque ossibus albos.

On attribuë la mort de ces hommes aux charmes & aux attraits aussi bien qu'au chant des femmes débauchées qui habitoient les costes de la mer où passa Ulysse: il s'en délivra & ses compagnons, par l'invention que luy donna Circé de leur boucher les oreilles avec de la cire, & de se faire attacher luy-même au mast de son Navire.

Parmi les Geographes anciens les uns placent les Sirenes prés du *Pelore*, l'un des trois Promontoires de la Sicile, d'autres prés de Caprée, d'autres aux Sireneuses, (Aristote les appelle les Sirenes) ce sont trois petites Isles prés de Naples qui séparent le Golphe de Cumes de celuy qu'on appelloit autrefois de *Possidoniate*, maintenant de *Peste*, nommé par Léandre *Golpho Agropolitano* ; d'autres les appellent *Petræ Sirenum & scopuli*, les écueils des Sirenes ; quelques-uns, comme Ovide, veulent qu'il n'y ait que Leucosie qui ait abordé en ce lieu, quoy qu'un Poëte de la Pleyade Grecque, plus obscur qu'Ovide (c'est Lycophron qui place Parthenope à Naples) veüille que Leucosie ait été jettée sur les rives du Fleuve Enippe, qui arrose la Thessalie & les Champs de Pharsale où Cesar vainquit Pompée, & *Ligie* prés de *Terine*, Ville d'Italie au fond de la Calabre sur un Golphe de ce nom vulgairement dit *Golfo di santa Euphemia*.

Un sçavant Orateur Grec (c'est Dion Chrysostome) dans un discours à ceux d'Alexandrie les place sur un certain écueil où personne n'avoit jamais abordé.

Pline les loge fur le Promontoire de Minerve, & Strabon met leur Temple dans un lieu qui eft contre l'Ifle de Caprée, & la Ville de *Sorrente* fur le bord de la mer prés de celuy de Minerve.

C'eft proprement à Sorrente que Leucofie doit fon origine; c'eft auffi le lieu natal de cette Sirene d'Italie le fameux Poëte Torquat Taffe, dont la naiffance eft difputée par plufieurs Villes de ce Royaume qui fe l'attribuënt à l'envy l'une de l'autre, comme autrefois la naiffance d'Homere par celles de la Grece.

Un habile homme dans la Langue Françoife autant que dans l'Italienne vient d'en donner la Vie au public, accompagnée de circonftances agreables, & d'un ftile qui charme fes lecteurs. Il eft à fouhaiter qu'il nous donne de même celles de Dante, de Petrarque & de l'Ariofte, comme il femble nous les promettre.

Noël le Comte dans fa Mythologie Livre 5. cite un certain *Archype* qui dit que fous le nom de Sirenes l'on entend certains lieux dans la mer refferrez & fermez par des rochers, où les flots précipitez venans à fe battre faifoient un fon harmonieux qui attiroit les paffans, & qu'approchans de ces lieux ils y eftoient engloutis par l'impetuofité de ces flots, ce qu'il croit

LES SIRENES.

croit avoir donné lieu à la fable.

Dorion dans son Livre des Poissons asseure (comme nous l'avons déja dit) que c'étoient des femmes débauchées qui habitoient les côtes de la mer de Sicile, & qui attiroient les passans.

<small>X.
SIRENES de Platon, & d'Epicure.</small>

Soit par les plaisirs des sens les plus grossiers & les plus materiels qui composent cette triple volupté qu'on fait consister dans la bonne chere, les liqueurs, les parfums, les odeurs, & les plaisirs de la chair, ἐν σιτίοις, ἐν ποτοῖς καὶ ἐν ἀφρο-δισίοις, & qui a donné lieu d'imaginer ce nombre de trois Sirenes qu'on pourroit attribuer à Epicure :

Soit par les plaisirs des sens les plus délicats & les plus spirituels, tels que selon Platon sont ceux de la veuë & de l'ouye, capables d'attirer les hommes moins charnels par les attraits d'un beau visage & la douceur d'une voix charmante jointe à une conversation engageante & spirituelle, les hommes peuvent être seduits de ces trois autres manieres, *visu, cantu & consuetudine.* Ces Sirenes sont du ressort de Platon.

Il seroit difficile de representer icy le visage d'une Sirene, & d'en faire le portrait au juste avec toute sa beauté : je ne sçay si Raphaël, le Titien & le Correge y auroient pu suffire.

<small>XI.
PORTRAIT des Sirenes difficile à faire.</small>

D

Les Poëtes ne l'ont point voulu entreprendre en particulier : ils ne nous en ont rien dit qu'en general. Clement Alexandrin nous a seulement dépeint leurs aîles toutes d'or ; ce qu'Ovide a en quelque façon exprimé par ces vers,

Lib. 4. Strom.

Facilesque Deos habuistis; & artus
Vidistis vestros subitis flavescere pennis.

Lib. 5. Metamorph.

Mais je ne doute point qu'elles ne mêlassent dans leur plumage avec cet or une varieté des plus belles & des plus tendres couleurs que les fleurs puissent representer à nos yeux.

Quant à leur chant nous en parlerons aprés.

Pour leur conversation, il faudroit sçavoir leur langage, afin d'en bien parler. Elles étoient de Sicile, à ce que l'on dit. Apulée appelle les Siciliens *Trilingues*, parcequ'ils ont parlé premiérement une langue Barbare, puis la Grecque & ensuite la Latine ; mais ils ne parloient pas bien ni en l'une ni en l'autre de ces deux dernieres : car lors qu'on vouloit dire autrefois d'une personne, qu'elle parloit mal la langue Grecque, on disoit qu'elle sicilisoit. Il vaut mieux dire que les Sirenes parloient le langage des oiseaux que celuy de leur païs, pour ne pas dire qu'elles parloient mal. Ainsi nous laisserons démêler leur ramage à ceux qui l'entendent, quoique Ovide par ces Vers de

LES SIRENES.

sa Métamorphose leur attribuë une voix humaine.

> *Ne tamen ille canor mulcendas natus ad au-* Lib. V. 10.
> *res,*
> *Tantaque dos oris linguæ deperderet usum,*
> *Virginei vultus & vox humana remansit.*

Je souhaite que M. Graverol de Nismes, à qui M. l'Abbé de Charmes a dédié sa Vie du Tasse nous découvre toutes ces choses dans la Sicile de *Paruta* qu'il nous prépare, augmentée de plusieurs rares médailles, avec des commentaires & des notes dignes de son érudition sur cet endroit de la terre si fertile en antiquitez aussi-bien qu'en autres choses, que les Phéniciens l'appelloient en leur langue *l'Isle de perfection*.

Mais pour suppléer en quelque façon au portrait des Sirenes, nous mettrons en sa place celuy qui se voit parmi les Epigrammes de Claudien, un peu plus étendu que celuy que nous a donné Ovide en racourci dans un seul vers de ses Métamorphoses,

XII.
PORTRAIT
des Sirenes
dans Claudien.

> *Vobis Acheloïdes undæ* Lib. V. 24.
> *Pluma, pedesque avium, cùm virginis ora*
> *geratis?*

Voicy celuy de Claudien:

> *Dulce malum pelago Siren volucresque puellæ*
> *Scyllæos inter fremitus avidamque Charybdin.*

D ij

Musica saxa fretis habitabant dulcia monstra:
Blanda pericla maris, terror quoque gratus in undis.
Delatis licèt huc incumberet aura carinis,
Implessentque sinus venti de puppe furentes,
Figebat vox una ratem, nec tendere certum
Delectabat iter reditus, odiumque juvabat:
Nec dolor ullus erat ; mortem dabat ipsa voluptas.

C'est-à-dire,
   Sur des rochers harmonieux
Entre Scylle & Carybde habitoient les Sirenes,
  Doux tyrans des humides plaines,
 Filles oiseaux, monstres delicieux,
  De la mer écueils agreables,
  Des ondes charmante terreur.
  En vain tous les vents en fureur
  Loin de ces rives redoutables
  Poussoient les malheureux vaisseaux,
Leur voix, leur seule voix les tiroit sur les eaux.
  Le passager à cette mélodie
 Cessoit pour son retour de former des desirs :
  Sans douleur il perdoit la vie,
  Il expiroit dans les plaisirs.

XIII. S. JERÔME sur les Sirenes.

Saint Jerôme dans l'Epître qu'il écrit à Furie, l'exhorte à fuïr les chants funestes des Sirenes & des Joüeuses de Flûte & de Lyre ; ce

LES SIRENES.

que quelques-uns rapportent aux Opera & aux Scenes de Naples, où les Joüeuses de Flûte & de Lyre étoient fort en usage. Il n'est pas hors de propos de faire icy une digression particuliere & curieuse tout ensemble sur le Theatre de Naples, en faveur de Parthenope & de sa Flûte.

Ce Theatre étoit fameux; l'on en voit encore quelques petits restes. Seneque, Suetone & Tacite qui sont de grands Auteurs en font une mention magnifique. Il n'est pas inutile de rapporter icy ce qu'ils en disent de particulier.

XIV. DE L'ANCIEN Theatre de Naples.

Toutes les fois, dit Seneque, que je vais au College & à l'Ecole, je passe, comme vous sçavez, prés du Theatre de Naples, comme pour aller à la maison de Metronacte.

Seneque ep. 76.

Ce Theatre est parfaitement rétabli, & l'on y reconnoist, par l'art & la maniere particuliere dont on l'a construit, quels sont les bons Joüeurs de Lyre & les bons Chantres. On y voit aborder de tous les endroits de la Grece des Joüeurs de Flûte & de Cornets; mais le chemin de l'Ecole où l'on enseige la Morale & à devenir homme de bien n'est pas si fréquenté, dit Seneque: peu de gens s'y rassemblent; ces gens même passent dans l'esprit des autres pour inutiles & faineans. Voilà quels

D iij

étoient jadis l'Ecole & le Theatre de Naples, qui nous representent l'oisiveté de cette Ville, & sa faineantise telle qu'Horace nous l'a dépeinte, *improba Siren*. Plus de gens alloient à l'Opera écouter les Musiciens, que les Professeurs de la discipline des mœurs.

<small>Vitruv. lib. 5. cap. 5.</small>

Il faut consulter Vitruve, si nous voulons apprendre ceque veut dire Seneque lors qu'il nous parle du Theatre de Naples qu'on avoit entierement rétabli, & où *par un art admirable on pouvoit juger de l'excellence des Musiciens & des Joüeurs d'instrumens*.

C'est qu'on apportoit toutes sortes de précautions à la structure des Theatres : on y observoit toutes les proportions harmoniques : on y mettoit des vases d'une grandeur proportionnée à celle du Theatre, en sorte que les sons qu'ils produisoient entr'eux, fissent la quarte & la quinte par ordre jusqu'à la double octave ; ce qui fait parfaitement connoître combien les Napolitains étoient curieux de la Musique.

<small>Sueton. cap. 20.</small>

Voicy un autre argument de l'excellence de ce Theatre, que Suetone nous produit. Il dit que Neron y chanta & joüa de la Lyre, pour faire voir combien il avoit profité dans l'Ecole du fameux Terpin Joüeur de Lyre. Il remarque une chose particuliere touchant la passion de cet Empereur pour la Musique. Il dit qu'étant arrivé un tremblement de terre à Naples qui avoit ébranlé le Theatre, ce Prince ne laissa pas de chanter jusqu'à ce qu'il eût achevé son rôlle, & s'il m'est permis de parler ainsi, sa loy musicale, pour me servir du terme Grec νόμος.

Tacite nous asseure que ce Prince étoit frappé d'une telle passion pour le chant, qu'ayant ouï les eloges que faisoient de luy les Musiciens d'Alexandrie venus à Naples, il en manda plusieurs autres de cette mesme ville-là, asseurant que les Grecs seuls étoient assez habiles pour juger de sa voix & de sa belle métode de chanter, & qu'ils étoient seuls aussi dignes de sa bienveillance & de son amitié. Il leur en donna une marque éclatante, lors qu'à la priere des Ambassadeurs d'Achaïe, il eut la complaisance de chanter à table devant eux pendant le souper. *Tacit. lib. 15.*

Toutes ces choses nous font connoître combien Naples a été frequentée à cause de son Theatre, où Neron même se persuadoit qu'il avoit receu beaucoup d'honneur par les rites anciens & les ceremonies sacrées qu'on y pratiqua envers sa personne, & par les couronnes qu'il y receut. C'est de là que nous le voyons en certaines Medailles frappées par l'ordre du

Senat, repreſenté au revers ſous la perſonne & ſous l'habit d'un Joüeur de Lyre, chantant & accompagnant ſon inſtrument de la voix.

XV. ELOGE de la Ville de Naples ſejour des Sirenes.

Nous reconnoiſſons, dis-je, par toutes ces choſes, que la Ville de Naples étoit le vrai ſejour des Sirenes; car où pouvoient-elles, pour tous les autres plaiſirs, auſſi-bien que pour celuy de la Muſique, choiſir plus commodément leur demeure, qu'en ce lieu où les Empereurs Romains habitoient la plus grande partie de l'année. C'eſt de là que je me perſuade que les Napolitains ont toûjours pris Parthenope pour leur ſymbole, tant à cauſe s'il m'eſt permis de le dire, que par ſes aîles elle marque qu'elle a toûjours volé juſqu'au ciel, & s'eſt élevée audeſſus des autres Villes d'Italie, tant par ſa nobleſſe & par les beaux eſprits qu'elle a produits, qu'à cauſe que par ſa Lyre elle marque l'agrément de ſa Ville, la douceur & affabilité de ſes citoyens & la tranquillité de ſon état & de ſa concorde.

Il eſt vrai que les cordes de cette Lyre ne ſe ſont pas toûjours trouvées fort d'acord, & qu'elles ont rendu quelquefois des ſons un peu durs & diſcordans parmi les bouraſques & les tempeſtes civiles; mais elle a toûjous ſauvé ces fauſſes quartes par de meilleurs accords, & a toûjours conſervé envers ſes Princes & ſes Magiſtrats

LES SIRENES. 33

giſtrats une concorde melodieuſe, & telle que
ſes armes & l'image d'une Sirene demandoient.

Il faut finir cette digreſſion ſur Parthenope
par un ſymbole, & par un Tableau divertiſſant
de la Ville de Naples & de ſon gouvernement,
fait par un grand Peintre qui vivoit du temps
de Petrarque & de Dante, deſquels il prenoit
ſouvent les avis pour les deſſeins de ſes tableaux
comme de ſes amis particuliers : c'eſt le celebre
Giotto Peintre, Sculpteur & Architecte tout
enſemble, qui a fait ce beau tableau à la Moſaï-
que, qui ſe voit au Vatican & qu'on appelle
vulgairement la *Nave di ſan Pietro*, où ſaint
Pierre eſt repreſenté marchant ſur les eaux : tableau loüé de tous les connoiſſeurs en cét art,
tant pour la grandeur du deſſein que pour la
diſpoſition des figures.

Philander ce ſçavant & celebre Architecte
& Antiquaire, (dont M. Felibien le fils nous
va bien-toſt donner une belle vie parmi celles
des Architectes, qu'il a déja commencé de
publier) n'eſt pas du ſentiment commun ſur
cette Peinture : il l'attribuë à Cimaboüé Peintre
Florentin auſſi-bien qu'étoit Giotto ; mais plus
ancien que luy, & que Vaſari a mis tout le premier à la teſte de ſes Vies des Peintres. C'eſt
dans ſes doctes Commentaires ſur Vitruve &
ſur ces paroles du 6. chap. du 4. livre, où cét

XVI.
TABLEAU
de la Ville
de Naples,
& de ſon
gouverne-
ment par
Giotto.

E

Architecte parlant des ornemens convenables aux portes des temples des Dieux, ne veut point qu'elles soient ornées de Mosaïques, *ipsaque forium ornamenta non fiunt Cerostrota*: c'est, dis-je, sur ces paroles que ce sçavant Interprete prenant occasion de parler des Mosaïques, & de celuy qui est en question (fait & composé de plusieurs morceaux de verre rapportez & teints de diverses couleurs, qu'il appelle *Hyalostrotum* du mot Grec ὕαλος, qui veut dire verre, comme *Cerostrotum* composé de plusieurs pieces de cornes de diverses couleurs de κέρας, qui signifie corne) dit qu'il est l'ouvrage de Cimaboüé, *Opus Joan. Cimaboi Pictoris*.

Nous pourrions aussi prendre occasion de parler icy de ces sortes de Peintures aprés ce grand homme, si nous ne craignions de nous trop écarter de nostre chemin, & de faire trop de digressions ; & si d'ailleurs je n'apprenois qu'un sçavant Prelat d'Italie vient de publier un excellent ouvrage sur ce sujet, où il nous explique au long toutes ces manieres de Peintures, & nous donne une Histoire complette des Mosaïques.

Monsig. Ciampini.

Mais je ne sçaurois m'empêcher de parler de celuy que j'ay veû à Palestrine, parce qu'on y a representé une espece de Sirene, dont nous faisons mention en ce difcours, & qui m'oblige à cette digreffion, pour ne rien obmettre de ce qui regarde leur forme & leur figure, & les reprefenter par tout. C'eſt ce pavé ou *lithoſtrotum* du plus fuperbe & magnifique Temple qui ait été en Italie, & que Sylla cét heureux & fameux Dictateur Romain aprés être arrivé au comble de la fortune, & en reconnoiffance des grands fuccés dont cette Déeffe avoit toûjours favorifé fes entreprifes (qui luy avoient acquis le nom d'Heureux) luy fit bâtir en ce lieu.

C'eſt-là où l'on avoit accoûtumé de confulter cette Déeffe dans toutes les entreprifes qu'on faifoit, & d'y jetter des forts qu'on appelloit du nom du lieu *Sortes Præneſtinæ.* Pline parle de ces Sorts & de ce Temple dans fon Hiſtoire Naturelle, Ciceron dans fes Divinations, l'illuſtre M. Soarez Evêque de Vaifon noſtre ancien ami dans fes Antiquitez de Paleſtrine, & le celebre P. Kirker dans fon *Oedipe*, & encore plus particulierement dans fon *Latium :* c'eſt-là où ce fçavant Jefuite fi verfé dans l'art des fymboles & des hieroglyphes, explique à fa maniere ce *lithoſtrotum*, c'eſt-à-dire, ce qui nous en reſte, que l'Eminentiffime protecteur des gens de lettres, Monfeigneur le Cardinal François Barberin a eû soin de conserver & de faire rétablir, comme on le voit presentement.

Lib. 36. Cette sorte de Mosaïque commença chez les Romains sous Sylla. *Lithostrota quidem (dit Pline) captavêre jam sub Sylla.* Toutes les actions de ce Dictateur étoient representées en celuy-cy par plusieurs petites pierres & cailloux de toutes sortes de couleurs rapportez ensemble : ouvrage qui paroît aussi frais & aussi conservé, que s'il venoit d'être fait. On y voyoit parmi cela toutes sortes de jeux, de chasses, de sacrifices, avec beaucoup de grotesques d'animaux, de poissons, d'oiseaux. On y remarque même une Sirene qui n'est ni oiseau, ni poisson, mais une espece d'Onocentaure ; moitié âne, & moitié homme, telle *Suidas.* qu'il semble, suivant quelques-uns, qu'Isaïe nous ait voulu dépeindre par ces paroles, qui se lisent à la fin de son 13. chapitre, *Et Sirenes in delubris voluptatis.*

Quelques Interpretes de l'Ecriture Sainte entendent par ce mot de *Sirenes* certaines mouches, qui ont un bourdonnement lugubre & lamentable, approchant du son de ces flutes dont on se servoit anciennement dans les funerailles, inventées à ce qu'on dit par Midas, & qu'on appelloit *Gingrinæ* ; parce qu'elles imitoient la voix & le cri des Oisons. D'autres entendent en cét endroit par le mot de Sirenes, de petits insectes ou especes d'abeilles, qui font un bruit & crissement importun aux oreilles. Pline en fait mention: il les appelle Nymphes dans son Histoire Naturelle, & nous en allons parler incontinent dans les divers noms & symboles attribuez aux Sirenes,

Voilà une grande digression où nous nous sommes insensiblement laissé aller à la faveur de la Nacelle de saint Pierre, qui nous a un peu jettez à l'écart, & qui nous a fait voguer plus loin que nous ne pensions; retournons au port, que nous avons quitté, & laissons-là Cimaboüé pour reprendre Giotto.

Ce Giotto étoit homme d'un esprit vif & d'une humeur enjoüée, comme on le reconnoît par son tableau, & par le recit que nous en allons faire.

Robert Roy de Naples, qui aimoit l'humeur de ce Peintre, & ses reparties ingenieuses & promptes, se divertissant un jour avec luy, l'invita à luy faire un tableau, où il representât sa Ville & son Royaume de Naples: on dit que Giotto au lieu d'y representer Parthenope joüant de la Lyre, peignit en sa place une Sirene d'Arcadie, c'est-à-dire un Ane avec un bât sur son dos, & un autre à ses pieds tout neuf, que cét animal odoroit du nez, faisant connoître qu'il auroit voulu qu'on le luy eust mis sur le dos : & sur l'un & sur l'autre de ces bâts, Giotto avoit mis la Couronne Royale, & le Sceptre du Podestat. Le Roy Robert luy ayant demandé ce que signifioit cette peinture, il luy répondit agréablement que son Royaume de Naples & ses Sujets ressembloient à cét Ane, parce qu'ils demandoient tous les jours de nouveaux Seigneurs.

XVII. Divers noms & symboles des Sirenes.

Puisque nous sommes sur les symboles, voyons comme l'on s'est servi de celuy des Sirenes, en quelles rencontres, & à combien de choses l'on a adapté & approprié leurs noms.

XVIII. Platon & Ciceron sur les Sirenes.

Platon qui est un grand Peintre & un grand faiseur de portraits aussi-bien qu'Homere, nous en fait un des Sirenes dans ses Dialogues, où il nous les represente comme des esprits & des intelligences qui donnent le branle & le mouvement aux corps celestes.

In quæst. con.

Plutarque ne peut souffrir que Platon donne cét employ à des genies si peu benins & si peu bienfaisans, & qu'il le leur donne encore au mépris des Muses, dont il ne fait en cét endroit aucune mention : il les y traite même du nom de Parques & de Filles du Destin, & de la Necessité.

Pour ce qui est du chant des Sirenes, Platon le rapporte à l'harmonie & au concert des esprits dont il est le symbole, & c'est pour cela qu'il les croit fabuleuses. Voicy comme raisonne ce divin Philosophe dans ces mêmes Dialogues. C'est sans sujet (dit-il) qu'on nous fait peur, & qu'on nous parle des Sirenes fabuleuses d'Homere comme funestes & dangereuses ; ce Poëte au contraire fait voir combien il est opposé à ce sentiment, par la force & l'efficace qu'il attribuë à leur musique, puisqu'elle retire les esprits de l'excés où les choses terrestres & caduques les portent, en les leur faisant oublier & leur inspirant par la douceur de leur harmonie l'amour des celestes & divines.

Il n'est pas inutile de rapporter icy ce que Ciceron dit des Sirenes & d'Ulysse dans le dernier Livre *de fin. bon. & mal.* puisqu'il symbolise merveilleusement avec ce que dit Platon. Ce grand Maître de l'éloquence Romaine y fait voir qu'Homere auroit été un méchant Poëte, & qu'il n'auroit pas bien prouvé son fait, ni rendu sa fable vraysemblable, s'il eût crû Ulysse capable de s'arrêter à des chansons vagues & à une musique ordinaire : celle des Sirenes luy promettoit une science parfaite de toutes choses.

Il faut prendre le discours de Ciceron d'un peu plus haut, pour mettre sa pensée en son jour. Nous avons, dit Ciceron, un si grand desir de sçavoir, qui est né avec nous, & dont personne ne sçauroit douter, que sans autre avantage ni utilité que celle de la science même, la nature des hommes s'y laisse entierement emporter. Ne voyons-nous pas que les enfans n'en sçauroient être détournez par les verges mêmes, & combien ils s'y portent pour peu qu'ils y soient poussez? Combien ils sont aises de sçavoir, & avec quelle joye ils font le recit de ce qu'ils sçavent aux autres? quelle passion ils ont d'assister aux pompes, aux jeux, aux spectacles, qu'ils souffrent même & la faim & la soif pour ce sujet?

Mais que ne font pas les hommes frappez par de plus grands motifs, comme ceux de la connoissance des arts & des sciences? Ne voyons-nous pas qu'ils méprisent leur santé & leurs biens pour cela ; qu'ils souffrent tout, poussez qu'ils sont du desir de les apprendre, & qu'ils trouvent leurs soins & leurs travaux bien récompensez, par le seul plaisir qu'ils en reçoivent. Il me semble (dit Ciceron) qu'Homere a eû quelque chose de cela en veuë dans les fictions qu'il nous fait des Sirenes & de leur chant ; car il n'y a nulle apparence que par la seule douceur & la nouveauté de leurs voix, & par la varieté de leur chant, elles eussent coûtume d'attirer les passans ; mais parce que faisant

LES SIRENES.

sant profession de sçavoir beaucoup de choses, elles leur en promettoient la connoissance, & les attiroient à elles par le desir de les apprendre ; voicy comme elles invitent Ulysse, & comme Ciceron a traduit cét endroit d'Homere.

O decus Argolicum, quin puppim flectis Ulysses,
Auribus ut nostros possis agnoscere cantus.
Nam nemo est unquam transvectus Cærula cursu,
Quin prius astiterit vocum dulcedine captus.
Post variis avido satiatis pectore Musis
Doctior ad patrias lapsus pervenerit oras.
Nos grave certamen belli, clademque canemus,
Græcia quam Troja divino numine vexit,
Omniaque elatis rerum vestigia terris.

C'est-à-dire :

Ornement de la Grece, approche de nos bords ;
Preste l'oreille Ulysse à nos divins accords.
Quand on a pû des mers le trajet entreprendre,
A nos douces chansons il faut se venir rendre.
Les Muses à nos voix joignent leurs doctes sons :
Et qui prend à souhait nos utiles leçons,

Retourne plus fçavant au fein de fa patrie.
Nous te chanterons, Troye, en cendres convertie
Par la valeur des Grecs qu'animerent les Dieux,
Tout ce que la nature a formé fous les Cieux.

Homere eft admirable en toutes chofes ; mais je ne fçaurois affez l'admirer dans ces vers, qu'il fait dire & chanter aux Sirenes. Il y renferme tout ce qui eft de plus fort & de plus perfuafif dans l'une & dans l'autre des modulations, la majeure & la mineure, c'eft-à-dire, dans les deux grands genres de la Mufique, qui comprennent tous les chants. Les Sirenes commencent par des chants tendres & languiffans, pour attirer Ulyffe chez elles ; & comme elles n'en peuvent venir à bout, elles ont recours à la modulation majeure : c'eft-à-dire au genre fublime, & aux chofes graves & ferieufes, qui pouvoient le frapper davantage.

Homere connoiffoit bien qu'on n'auroit pas trouvé fa fable fort jufte, s'il avoit voulu faire croire qu'un homme auffi fin & experimenté qu'Ulyffe fuft capable de s'arrêter à des chanfons & à de fimples voix. Les Sirenes luy promettoient de grandes connoiffances, qu'il n'eft pas étrange qu'un homme curieux comme il l'étoit, préferaft à l'amour de fa patrie & aux douceurs qui l'y attendoient.

C'est aux hommes ordinaires (dit Ciceron) d'être curieux de sçavoir en quelque façon toutes choses ; mais d'être frappé de la paſſion des ſublimes, & de celles qui ſont dignes de contemplation, il n'appartient aſſeurément qu'aux grands hommes. Quelle ardeur pour cela n'eſtimez-vous pas qu'avoit Archimede, qui fut ſi attentif à tracer je ne sçay quelles démonſtrations, qu'on prit sa Ville de Syracuſe, ſans qu'il s'en apperçeût ? Combien de veilles & d'applications d'eſprit n'a pas mis Ariſtoxene à ſes ouvrages de Muſique ? quelle continuelle étude n'a pas employé dans les lettres Ariſtophanes pendant toute sa vie ? Que dirons-nous de Pythagore, de Platon, de Democrite, qui pour le deſir d'apprendre ont quitté leur païs, & voyagé par tout le monde juſques dans les terres les plus inconnuës ? Ceux qui ne voyent pas cela n'ont jamais rien aimé digne d'une belle connoiſſance, & ceux qui diſent en ce lieu, que ces ſortes d'études dont nous venons de parler, ſont recherchées pour le plaiſir ſeul de l'eſprit, ne sçavent pas qu'on les recherche purement pour elles mêmes, & qu'on s'y attache ſans aucune veuë d'intereſt ni de plaiſir, & que quelques peines, quelques fatigues & quelques incommoditez que la ſcience puiſſe

F ij

causer aux hommes, il se réjoüissent de la posséder à ce seul prix, sans autre récompense ; voilà comme Ciceron parle des Sirenes, & comme il interprete ce qu'Homere avoit écrit à leur sujet.

C'est aussi ce qui a fait croire à quelquesuns, que les Sirenes étoient inferieures aux Muses, en ce que la sagesse est aimable d'ellemême sans le plaisir, & qu'elle est préferable à tous ses attraits ; que le démêlé & le combat qu'elles eurent entr'elles, où les Muses demeurerent victorieuses, ayant dépoüillé les Sirenes de leurs aîles, en est un beau symbole.

Quelques Auteurs disent que la honte qu'eurent les Sirenes de se voir ainsi dépoüillées de leurs aîles par leurs ennemis les fit précipiter dans la mer, où elles furent changées en demipoissons.

XIX. Divers sentimens des Platoniciens sur les Sirenes accordez.

Il y a des Platoniciens qui n'ont mis aucune difference entre les Muses & les Sirenes, mais d'autres y en ont mis une assez grande. Car ils ont dit que les Muses étoient tout-à-fait celestes, & présidoient aux choses sublimes, qu'elles étoient comme les ames & les intelligences des globes celestes ; soit qu'ils le crussent ainsi, à cause des vertus & des belles inclinations qu'elles inspiroient aux hommes, & qu'elles formoient en eux à leur naissance ; suivant la

LES SIRENES.

difpofition des aftres; foit à caufe de l'harmonie qu'elles produifoient par le mouvement des Cieux, & qu'ils s'imaginoient être la plus charmante & la plus agreable qui fuft au monde.

Mais quant aux Sirenes ils ont crû qu'elles ne s'occupoient qu'aux chofes baffes & terreftres. Et c'eft ce que Platon luy-même quelque avantageufement qu'il parle ailleurs des Sirenes, dit quelque part dans fon Cratyle, c'eft-à-dire, dans le Dialogue de la fignification des mots, qu'il dédie à ce Philofophe, par où l'on voit que ces Philofophes font affez d'accord entr'eux fur ce fujet, quoy qu'ils femblent être differens. Ils ont crû (dis-je) que les Sirenes employoient avec autant de foin tout l'art de l'éloquence à faire valoir des bagatelles, que les Mufes à faire valoir les chofes les plus ferieufes & les plus importantes, auffi differentes en cela les unes des autres, que le menfonge l'eft de la verité, & que l'ombre l'eft du corps; que les hommes qui s'occupent à ces bagatelles harmonieufes doivent être confiderez comme charmez des voix des Sirenes, & dans le même entêtement que ceux qui trop attachez à une vaine Dialectique, y vieilliffent & fe perdent dans le labyrinthe des fyllogifmes, ainfi que dans les écueils des Sirenes, dit Aulugelle.

LES SIRENES.

<small>XX. SYMBOLE de Pythagore touchant les Sirenes & leurs aîles.</small>

Ce qui donne jour à ce Symbole de Pythagore, qui n'est pas trop connu de tout le monde, & qui est exprimé par ces paroles μούσαις σειρώνων ηδείοις ηγεῖσθαι, que les Muses sont preferables aux Sirenes. Il nous avertit par là de nous attacher plûtost à une solide Philosophie, qu'à des speculations vaines & imaginaires ; &

<small>In Phocicis.</small>

c'est ce que Pausanias a entendu par la fable, dont nous venons de parler, où il dit que les Sirenes ayant été excitées par Junon à un combat avec les Muses, & qu'y ayant été vaincuës & dépoüillées de leurs aîles (comme il arriva aux Pierides) les Muses en firent des bouquets dont elles se parerent.

Stephanus de urbibus dit que la Ville d'Aptera dans l'Isle de Crete a pris son nom du lieu où se fit le combat ; & le sçavant M. de Spanheim qu'on cite toûjours utilement & avec plaisir, dit dans son excellent Traité des Medailles, qu'il en a veu une tres-rare dans le cabinet du Grand Duc de Toscane frappée par ces peuples, avec ce mot au revers ΑΠΤΕΡΑΙΩΝ.

<small>XXI. SIRENES symbole d'une parfaite éloquence.</small>

Les Sirenes neanmoins suivant le dire commun sont le symbole d'une parfaite éloquence, c'est pour cela, comme nous l'apprenons de Philostrate dans la Vie d'Apollonius, qu'on voyoit leurs Statuës d'or suspenduës dans le Temple d'Apollon.

LES SIRENES. 47

C'est par la même raison selon Pausanias, *In Atticis.* que Sophocle est appellé une Sirene par Bacchus, & que Diogene de Laerte appelle la doctrine d'Epicure δόγματα σειρηνῶσα une doctrine de Sirenes, non pas tant, parce qu'on croyoit vulgairement qu'Epicure enseignoit la volupté dans ses écrits, que pour la beauté & l'excellence de son stile & de son discours persuasif. Caton le Grammairien fut aussi appellé du nom de Sirene *Latina Siren*, & l'on avoit gravé une Sirene sur le tombeau d'Isocrate.

Poursuivons nos symboles. *Paul Joue* dans ses Dialogues Italiens dit que la famille des Colonnes (qui est des plus anciennes parmi les Romains) avoit pris pour symbole une Sirene, qu'elle portoit dans ses armes. *Capaccio* en parle dans ses Emblêmes, aussi-bien que *Camerarius* dans les siennes, c'est à la 64. de la quatriéme Centurie, où il represente une Sirene entre deux colomnes.

XXII. Suite des symboles des Sirenes & de leurs divers noms.

Plusieurs familles en France, & sur tout celles de Lusigny & de Lusignan, qui se disent sorties de Melusine, portent une Sirene dans leurs armes de la même maniere : on peut voir l'Histoire de Melusine dans plusieurs Auteurs, qui nous en ont parlé : *Derceto* cette Déesse de Syrie qu'on a crû mere de Semiramis est ordinairement peinte en cette maniere. Mais je ne croy pas que par ces sortes d'armes, ces familles tres-illustres d'ailleurs pretendent tirer leur origine de si loin.

Les facultez de l'ame qui symbolisent entr'elles sont appellées de ce nom par Suidas σῐρῆνες αἱ τῆς ψυχῆς ἐναρμόνιοι, καὶ μουσικαὶ δυνάμεις.

Les étoffes legeres & deliées d'un tissu fin, comme nos toiles de soye, ou nos gazes, & que les anciens sçavoient faire si fines, & si diaphanes, qu'à peine les voyoit-on sur le nud, sont appellées Syrenes par Hesychius σῐρῆναι ⟨⟩ λεπτοὶ καὶ διαφανεῖς χιτῶνες. Nous voyons des Statuës anciennes de cette entente de drapperie, qui sont admirables ; un Pere de l'Eglise les traite du nom de nudité artificielle.

Artificiosam nuditatem astibus insultantem. Petrus Chrysolog.

Les robes de femme à queuë traînante s'appelloient autrefois de ce nom de Sirenes, & nous pouvons appeller aujourd'huy du nom la plufpart des habillemens d'été des femmes Françoises.

Il y a un petit insecte comme une espece d'Abeille, qui ne fait point de miel, qu'on appelle aussi de ce nom, à cause peut-être d'un bourdonnement vif & argentin qu'il produit dans l'air, & qui perce les oreilles.

On les appelle aussi du nom de *Nymphes*. Pline dans son Histoire Naturelle, livre 11. chap. 16. les met au rang des bourdons imparfaits ;

c'est-

LES SIRENES.

c'est-à-dire, de ces petits bourdons, qui commencent à se former, & qui ne poussent encore qu'un son délicat; mais perçant, & tel qu'est la voix des jeunes enfans comparée à celle des hommes faits.

Le mot de *Fucus* qui signifie bourdon, signifie aussi fard, artifice, tromperie, qui ne sont pas moins des Sirenes, que les attraits & les appas du sexe, qui tirent leur origine du mot Grec συρὲν, qui veut dire attirer à soy.

La paresse & l'oisiveté sont des especes de Sirenes, qui enchantent & qui endorment bien des gens. *Improba Siren, desidia.*

Les airs & les chansons agreables sont appellées de ce nom, & parmi les Grecs & parmi les Latins σειρίνειον μέλος, *Sirenia cantilena.*

Nous appellons en France Serin (comme qui diroit Siren) un petit Oiseau qui a le plumage d'un verd foncé & le ramage fort agreable, que quelques-uns croyent être l'Achantis des anciens.

Les Astres sont aussi appellez des Sirenes chez le Scoliaste d'Homere, à cause de leur clarté & de leur splendeur σείρια τὰ ἄστρα παρὰ τὸ σείρειν ὅ ἐστιν ἀστράπτειν καὶ λάμπειν, parce qu'ils jettent comme des éclairs, & qu'ils brillent, d'où vient le nom de Sirius, qu'on donne par excellence à l'Etoile principale de la constellation du Chien, qu'on appelle Canicule & qui domine presentement, c'est pour la même raison qu'on donne à Jupiter l'Epithete de σειριώος & que σείριος en Grec signifie le Soleil.

Enfin, tout ce qui a l'air charmant, ce qui plaît & ce qui brille dans les discours particulierement peut être appellé de ce nom.

Les personnes gayes & agreables peuvent aussi être appellées Sirenes suivant Platon, qui dit, qu'elles sont inseparables de ces sortes de gens, & qu'elles les accompagnent partout.

Il y a certaines machines à qui l'on donne le mouvement, & que l'on fait joüer sous terre semblables à celles qu'on met en œuvre quelquefois dans les Opera & sur les Theatres, qu'on nomme de ce nom, comme peuvent être aussi les Orgues hydrauliques telles qu'on en voit en Italie, sur tout à *Tivoli* dans le Palais d'Este, & dans celuy du Pape à *Montecavallo*. Ces machines s'appellent Sirenes au dire de *Moschopulus* σειρῶνες μηχανήματά τινα κ^τ γῆς ἐμυθθυόντῳ οὕτω ὀνομαζόμενα μέλος ἄρρητον ἀναπεμπόντα, ἀφ' οὗ σειρῶδα μέλη.

De cette charmante quoy que pernicieuse douceur & harmonie des Sirenes est venu le proverbe *la Concorde des Sirenes*. Petrone en parle en faveur d'une personne éloquente en

LES SIRENES.

cette maniere ; *Sa voix étoit* (dit-il) *accompagnée de tant d'agrémens, elle frappoit l'air d'un son si doux & si melodieux, que vous auriez cru entendre dans les airs l'harmonie & la concorde des Sirenes.*

Mais quel étoit ce chant & cette harmonie si puissante des Sirenes, qui charmoit tout le monde, & qui entroit si agreablement dans les oreilles & flatoit si fort les inclinations des hommes, qu'ils s'y laissoient entraîner malgré eux sans pouvoir s'en défendre ? La considererons-nous du côté des voix des Sirenes, ou de leurs instrumens, ou de la voix & des instrumens tout ensemble ? est-ce que leurs Flûtes & leurs Lyres pouvoient avoir cet effet merveilleux ? Il y avoit sur l'ancien Theatre de Naples, & dans les Opera qui s'y representoient d'excellens Joüeurs de ces sortes d'instrumens, comme nous venons de le dire. Parthenope & Ligée pouvoient s'en acquitter apparemment aussi-bien que ces Musiciens ; mais nous n'en pouvons pas conclure qu'elles pussent produire ces effets : c'est peut-être à la voix plûtost qu'aux instrumens que nous les devons. Nous la pouvons considerer dans les Sirenes en qualité de voix de femmes comme plus douce & plus harmonieuse que celle des hommes ; nous la pouvons aussi considerer comme voix, ou

XXIII.
Du chant
des Sirenes.

G ij

pour mieux dire, comme chant d'oiseaux, de la nature desquels elles participoient, comme nous le verrons cy-après,

Claudianus Epig. 24.

Volucresque puellæ.

Car en qualité de poissons, il n'y a que la Lyre d'Horace, qui pût leur donner le chant & l'harmonie des Cygnes.

O mutis quoque piscibus
Donatura Cygni, si libeat sonum.

C'est dans la troisiéme Ode du quatriéme Livre, où cet agreable joüeur de Lyre

Romanæ fidicen Lyræ

qui avoit appris à en si bien joüer dans le voisinage des Sirenes, où il avoit pris naissance, nous dit de si jolies choses de la sienne.

Les Syriens vouloient que les Sirenes fussent des espèces de Cygnes, qui aprés s'être lavez dans les eaux s'élevoient en l'air avec un chant melodieux. D'autres veulent qu'elles fussent des Moineaux de la nature, principalement de ceux qu'on appelle Solitaires, qui ont un chant doux & melancholique appartenant à la modulation mineure, qui est la plus pathetique,

Chap. 30.

& sur laquelle Job chantoit ses disgraces & ses calamitez, lorsqu'il nous dit qu'il étoit devenu le frere des Sirenes & le compagnon des Moineaux, *Factus sum frater Sirenum & sodalis Passerum.*

LES SIRENES.

Mais comme nous ne connoissons point ce chant des Cygnes, dont on nous parle, & que personne ne l'a jamais oüi; nous ne sçaurions bien parler de celuy des Sirenes par rapport au leur.

Tout ce que nous pouvons dire icy, c'est que le mot de Sirenes vient suivant le sçavant M. Bochart, de celuy de *Sir*, qui en langue Punique & Hebraïque signifie *Chant* ou *Cantique*. Cette Etymologie paroît plus juste que celle qu'on tire du verbe Grec. συρἐν, qui veut dire attirer à soy, ou de σἰερα, qui veut dire chaîne, parce que ceux qu'elles avoient une fois attiré à elles, & engagé dans leurs liens ne pouvoient s'en défaire.

XXIV. LE MOT DE Sirene vient de la langue Punique ou Hebraïque, & non de la Grecque.

Peut-être que les instrumens mêlez ensemble avec la voix faisoit cette grande harmonie, & si puissante des Sirenes, qu'Orphée fut contraint pour empêcher les Argonautes de s'y laisser surprendre, de joüer sur sa Lyre une chanson d'une modulation contraire à la leur. C'est aussi ce que fit autrefois ce grand Joüeur de Lyre Timothée, qui aprés avoir mis en fureur Alexandre jusqu'à luy faire empoigner ses armes, comme pour se battre, calma sa colere, sur le chant par une modulation contraire.

XXV. ORPHÉE, & Timothée.

Ciceron qui n'aimoit pas tant la Musique que les Platoniciens, quoy qu'il ait voulu essayer d'en donner des regles, a peut-être eu raison de dire qu'Homere a entendu toute autre chose que le chant par la fable des Sirenes.

Nous n'apprenons rien de ce chant chez aucun Auteur. Si nous en voulons croire un Aveugle, qui n'a jamais veu, ni oüi les Sirenes, & qui ne sçauroit nous dire si elles étoient oiseaux ou poissons, c'est le fameux *Luigi Grotto Cieco d'Hadria :* il nous asseurera que leur chant est fort doux, *dolcissimo e il cantar de Sirene, &c.* C'est dans ce beau Dialogue d'Hadriana & de sa Nourrice, qu'il parle ainsi : mais il vaut mieux s'en rapporter à *Moschopulus*, que nous venons de citer, qui dit que leur chant est ineffable par ces paroles μῆλος ἄῤῥητον.

XXVI. Du Livre intitulé *Noctes Solitaria* de *J.B. Persona*.

Il est étonnant qu'un celebre Philosophe & Medecin d'Italie, qui vivoit au commencement de ce siecle, & qui nous a donné de beaux ouvrages, & sur tout un gros volume sur l'Odyssée d'Homere à qui il donne le titre specieux de *Noctes Solitaria, sive de iis quæ scientifice ab Homero scripta sunt in Odyssea*, où il promet mille belles choses, & de Physique & de Morale & des Arts tirées de cet excellent ouvrage, sans qu'il y dise un petit mot du chant des Sirenes, ni des Sirenes mêmes qui font

LES SIRENES.

l'un des plus beaux & des plus inſtructifs endroits de la Morale d'Homere.

Le Pere Kirker Jeſuite que nous avons connu particulierement étant à Rome, & qui nous a honoré de ſes lettres en Province, & de quelques-uns de ſes ouvrages, a dit beaucoup de choſes de la Muſique des oiſeaux dans celuy qu'il intitule *Muſurgia*. Il nous a même noté en Muſique celle de quelques oiſeaux en particulier, & ſur tout des Roſſignols, & de tous leurs differens & ſçavans paſſages; mais il ne nous dit rien du tout du chant des Sirenes.

<small>XXVII. Du P. Kirker Jeſuite, & de ſon Livre intitulé *Muſurgia*.</small>

Il faut attendre la réſolution de ce fait; mais beaucoup plus de tout ce qu'on peut ſouhaiter de plus curieux ſur ce bel art, du ſçavant M. Ouvrard Chanoine de l'Egliſe de Tours cet autre Ariſtoxene, qui travaille depuis plus de trente années ſur la Muſique, & qui nous promet l'Hiſtoire entiere & parfaite, tant de la Muſique ancienne que de la moderne, depuis ſon origine juſqu'à nous, chez les Hebreux, chez les Grecs, les Romains, & chez les autres Nations, faiſant voir ſes progrés & ſes changemens dans tous les temps, accompagnant cette Hiſtoire de toutes les queſtions de Theorie & de pratique les plus ſçavantes, & les plus belles ſur ce ſujet. Il y parlera même de l'Architecture harmonique, dont il nous a déja

<small>XXVIII. De l'Hiſtoire de la Muſique de M. Ouvrard.</small>

donné un projet eſtimé de tous les ſçavans en cét art, & ſur tout de M. Blondel, ſi connu par ſon merite & par ſes ouvrages, qui en fait un Eloge magnifique dans ſon cinquiéme Livre d'Architecture. Il y traitera auſſi tres-particulierement de la Muſique pathetique, ſi elle a été capable de tout ce que les anciens nous en diſent ; & ſi la nôtre ne peut pas produire des effets auſſi ſurprenans que la leur. Il nous en donnera dans ſes Livres des exemples & plus effectifs & moins fabuleux que ceux du chant des Sirenes.

Fol. 52.

XXIX. M. PEIRESK & M. BEgon Intendant.

Il pourroit illuſtrer cette Hiſtoire de tout ce que le ſçavant & obligeant M. Begon Intendant à Rochefort (cet autre Peiresk) m'a communiqué de particulier ſur ce ſujet de ce celebre & fameux Senateur du Parlement de Provence, dont il poſſede la meilleure dépoüille des Manuſcrits, où il y a quantité de Lettres & de Traitez divers & ſinguliers ſur la Muſique des anciens & des modernes écrits & envoyez par tous les ſçavans de l'Europe à ce grand amateur des Arts & de l'Antiquité.

XXX. M. LE CARDINAL Bona.

Il auroit pû encore l'illuſtrer de tout ce qui ſe trouve de Manuſcrit dans la Bibliotheque du Vatican concernant la Muſique, dont défunt M. le *Cardinal Bona*, qui aimoit parfaitement cét Art, comme il l'a fait connoître

dans

dans son excellent Livre de la *Psalmodie*, nous avoit fait offre tres-obligeamment & envoyé un Catalogue tres-ample pour le luy communiquer : mais M. Ouvrard qui a veu presque tous les Auteurs, tant anciens que modernes, qui ont écrit de la Musique, & qui sçait les progrés qu'elle a fait dans tous les temps parmi la plûpart des Nations de l'Europe, peut se passer facilement de toutes ces choses, comme je l'ay reconnu, par ce qu'il m'a toûjours dit, soit dans la conversation, soit dans ses lettres ; car possedant ce bel Art au point de perfection qu'il fait ; au lieu d'emprunter les reflexions & les recherches d'autrui, il s'est fait une loy de voir luy-même les sources, & de remarquer le peu d'usage qu'on peut faire des remarques des sçavans, qui ne sçavoient pas de Musique assez, pour bien entendre les anciens Auteurs : *Nous sommes aujourd'huy* (m'écrivoit-il encore il n'y a pas long-temps) *au même état qu'ont été les curieux de tous les siecles, & je ne trouve rien de plus dangereux pour un Auteur, que de copier les reflexions & les remarques des autres, sans examiner s'ils ont bien rencontré. Il y a eu même parmi les anciens des Auteurs de la premiere classe, qui ont souvent dit des choses, qu'ils n'entendoient pas eux-mêmes, sur tout à l'égard de la Musique.* Combien y en a-t-il pré-

H

sentement, qui peuvent parler pertinemment de la Musique d'aujourd'huy, quoiqu'elle soit publique ? & même parmi les Musiciens, il y en a peu, qui s'en expliquent bien ; à plus forte raison vous en trouverez peu, qui entendent bien les anciens, dont il y en a quelques-uns, comme je viens de le dire, qui ne s'entendent pas eux-mêmes.

<small>XXXI. DE LA mort ou métamorphose des Sirenes.</small>

On dit que les Cignes chantent melodieusement à leur mort ; il est à croire que les Sirenes, qui au dire des Assyriens étoient des especes de Cygnes, ne chanterent pas moins melodieusement à la leur, & que tout autre qu'Ulysse auroit été touché de la beauté & de la tendresse de leurs lamentations. Les Mythologistes nous la racontent en la maniere que nous avons déja ébauchée dans ce discours.

<small>Higinius cap. 141.</small>

Il leur avoit été prédit qu'elles ne mourroient point, & qu'elles ne changeroient point d'état, tant qu'elles auroient assez d'adresse, pour attirer par leur chant & par leurs charmes tous ceux qui passeroient sur les côtes qu'elles habitoient ; mais que si quelqu'un de ces passans leur resistoit, elles seroient obligées de se précipiter dans la mer, ce qui arriva par les ruses & les artifices d'Ulysse, qui passant sur ces Côtes, se fit lier au mât de son Vaisseau, & fit boucher avec de la cire les oreilles de ses compagnons. D'autres attribuent leur changement à Orphée par le chant de sa Lyre opposé à celuy des Sirenes.

Orphée dans ses Argonautes (si ces Vers sont de sa façon, dont on a sujet de douter ; car Orphée n'est pas moins fabuleux, que les Sirenes) dit qu'elles furent converties en rochers, ou pour mieux dire, qu'elles vinrent aboutir à divers Golphes, qui leur donnerent leurs noms, comme nous l'avons dit parlant de leurs demeures, & d'autres qu'elles furent converties en poissons, d'oiseaux qu'elles étoient auparavant.

Nous devons donc considerer deux états dans les Sirenes, celuy de leur metamorphose & celuy où elles étoient auparavant ; c'est de là que dépend celuy de la question, que nous agitons. La plûpart ont confondu ces deux états des Sirenes, ou plûtost n'ont jamais consideré les Sirenes que dans le dernier ; c'est ce qui a fait que les Peintres, les Sculpteurs, les Poëtes, les Historiens, & les Antiquaires même nous les ont mal représentées : nous l'allons faire voir dans la suite de ce discours, où nous démontrerons leur forme & leur figure, parce qui s'en trouve de plus autentique dans l'antiquité.

Le portrait naturel primitif & veritable des

XXXII. Deux états dans les Sirenes.

XXXIII. Figure des Sirenes

H ij

LES SIRENES.

tirée des Medailles, comme des monumens les plus authentiques.

Sirenes doit être principalement pris des anciennes Medailles, qui sont les monumens les plus surs & les moins suspects, que nous puissions alleguer en cette rencontre : elles nous les representent la partie superieure de femmes & l'inferieure d'oiseaux, comme nous l'allons faire voir cy-après.

Ce n'est pas qu'il ne se trouve parmi les Medailles Grecques & Romaines, & parmi les pierres gravées, tant anciennes que modernes, des Sirenes avec la partie inferieure de poisson ; mais ce n'est point la leur état primitif, c'est celuy de leur métamorphose. Nous pouvons dire d'ailleurs que ce sont plûtost des Nereïdes ou Nymphes marines que des Sirenes, qui y sont representées.

L'on voit une Medaille parmi celles de la famille *Valeria*, qui porte au revers une Sirene de cette maniere, avec une double quëüe de poisson, que Virgile a exprimée par ce Vers.

Æneid. 3.

Prima hominis facies, & pulchro pectore Virgo
Pube tenus.

Et qu'Horace acheve d'exprimer par cet autre.

In Poëtica.

Ut turpiter atrum
Desinat in piscem mulier formosa supernè.

J'ay veu au Cabinet du Roy un parfaitement beau Medaillon de la Jeune Faustine au revers

LES SIRENES.

de Venus, avec cette Inscription, VENUS. Ce revers merite d'être icy representé, tant pour la beauté du dessein qui est remarquable, que par le rapport qu'il a à nôtre sujet. La figure de Venus est d'une excellente attitude, elle est nuë jusqu'à demi corps, & tient de la main gauche une boule, & de la droite un gouvernail, marques de sa puissance & sur la terre & sur la mer. Elle a d'un côté à genoux à ses pieds un Amour, ou si vous voulez Cupidon son fils en posture de captif, les mains liées derriere le dos, où il a des aîles, comme en avoient autrefois les Sirenes avant leur chute & leur metamorphose ; & de l'autre, une Sirene même en forme de Triton, tenant de sa main gauche un Cornet comme son Trompette, qui annonce qu'elle est la grande Sirene & la Mere des charmes & des graces, qu'elle les distribuë & les communique à toute la Nature ; qui en est éprise, & qui (comme dit Lucrece) avoüe avec plaisir qu'elle releve de son Empire, & qu'il n'y a rien sans elle de beau ni d'aimable dans l'univers.

Ita capta lepore   *Lib. 1.*
Illecebrisque tuis omnis Natura animantum,
Te sequitur cupidè, quò quamque inducere
  pergis.

Et un peu plus bas.

62   LES SIRENES.

Ibid.
Nec sine te quidquam dias in luminis oras
Exoritur, neque fit lætum, neque amabile
quidquam.

Celuy qui a fait le Catalogue des Medaillons du Roy, parlant de celuy-cy de la Jeune Faustine, dit qu'il a pour revers Venus entre deux Sirenes, par où il semble entrer dans nôtre pensée, & avoir voulu marquer les deux états differens des Sirenes avant & aprés leur chûte, d'oiseaux & de poissons.

XXXIV.
FIGURE
de Sirene au
Parvis Nô-
tre-Dame
de Paris.

Suidas.

L'on voit au Parvis de Nôtre-Dame de Paris, parmi le grand nombre de figures, que le goût d'un mauvais siecle y a representées, comme une espece de frise & de bas relief assez extraordinaire. C'est à la porte qui est à gauche entrant à l'Eglise, où l'on represente une Sirene en la maniere qu'Isaïe semble nous les dépeindre, suivant quelques-uns, ayant les pieds & la queuë d'un Ane & le reste de Femme; comme une espece d'Onocentaure; nous l'avons ainsi représentée au-devant de ce discours dans le Cartouche, que nous y avons fait mettre, avec toutes les autres figures, que la bizarerie des Peintres & des Auteurs donne aux Sirenes, soit au ciel, soit sur la terre, soit dans les eaux, soit en l'air.

Aldroand qui nous a donné de si beaux & de si curieux Livres de Poissons & d'Oiseaux est dans cette erreur, que les Sirenes avoient la partie superieure d'Oiseaux, comme de Moineaux, & l'inferieure de Femmes, & veut insinuer son sentiment par les Grammairiens Grecs, qu'il dit qui les representent ainsi : mais il étoit plus versé dans l'Histoire Naturelle, que dans la lecture des anciens Auteurs, & de leurs Scoliastes qui nous disent le contraire, si ce n'est peut-être dans la premiere Chiliade historique de Tzetzes au chap. 14. où il a veu que ce Poëte les appelle κόρας ὀρνιθομόρφοις.

XXXV. ERREUR d'Aldroand.

Il est encore dans une plus grande erreur, lorsqu'il prétend que les Sirenes, comme Oiseaux ne sont point fabuleuses, & qu'au rapport de certains Auteurs il soûtient qu'on en a veu dans les derniers siecles sur les côtes de la mer de Naples, ce qui marque une trop grande credulité en cét Auteur; car qui peut ignorer que les trois Vierges Siciliennes de ce nom,

XXXVI. AUTRE erreur d'Aldroand.

que les Poëtes nous métamorphosent en monstres marins ont donné lieu à cette fable, il l'auroit pû apprendre de ces paroles du sçavant Commentateur de Virgile Servius. *Secundum fabulam tres in parte virgines fuerunt, in parte volucres, Acheloi fluminis & Calliopes Musæ filiæ.*

XXXVII. FIGURE des Sirenes tirée des bas reliefs anciens.

Quant à ce que ce docte Grammairien nous en raconte, que l'une chantoit, l'autre joüoit de la Flûte, & la troisiéme de la Lyre, nous l'apprenons par les anciens bas reliefs, dont nous voyons la figure en cette maniere dans les images des Dieux de *Vincent Cartari*, que le sçavant Pignorius a eu soin de rectifier & de nous donner sur des anciens originaux, & que nous avons representez à la tête de ce discours.

XXXVIII. MEDAILLE de la famille Petronia.

Les Medailles nous confirment cette verité en partie, & sur tout celles des Napolitains. On en voit une de la famille *Petronia* dans *Fulvius Ursinus*, qui porte d'un côté la tête d'Auguste, comme Restaurateur de la Ville de Naples, & au revers la figure de la Sirene *Parthenope* joüant de la Flûte, comme vous la voyez en la page suivante.

On y remarque outre les aîles, les pieds & les jambes d'un Cocq attribuez aux Sirenes par la plûpart des anciens Auteurs, quoique
d'autres

LES SIRENES. 65

d'autres disent que les Sirenes avoient la partie inferieure de Passereaux; comme nous l'avons dit auparavant.

Il y a eû de cette famille *Petronia* un *M. Petronius Passer*, dont Varron fait mention, qui pourroit bien être ce Petronius, qui suivit Caton dans la prison, lorsque Cesar eut commandé en plein Senat qu'on l'y menât; & comme il fut repris par Cesar de sortir du Senat avant qu'il finît : J'aime mieux (dit-il à Cesar) être en prison avec Caton, que de rester icy avec vous. On pourroit donner ce surnom de *Passer* au nôtre avec justice.

XXXIX. DE LA FAMILLE Petronia.

Il y a quelque apparence que c'est ce *Petronius* envoyé Prefet en Egypte par Auguste, pour succeder à *Cornelius Gallus*, & faire la guerre en Ethiopie contre la Reine Candace, qui fit frapper en sa faveur cette Medaille, laquelle est la meilleure preuve que nous puissions alleguer, pour faire voir que les Sirenes

I

ont été des Oiseaux dés leur origne, & non des Poissons.

XL. Opinion de Theodore de Gaze & de Trapesonce. Occasion d'erreur aux Peintres, &c.

Les anciens Peintres, dont Ælien fait mention dans ses Livres, auroient pû redresser les modernes, aussi-bien que les Sculpteurs, les Graveurs, & les faiseurs d'Emblêmes, qui sont tous tombez en cette même erreur, nous representant les Sirenes de cette derniere maniere, faute d'y avoir fait attention & d'avoir distingué leurs deux états. Ils ont eu plus d'égard au témoignage de *Theodore de Gaze* & de *Trapezonce* ce calomniateur de Platon, qu'à celuy des anciens. Ces Auteurs nous asseurent qu'ils ont veu dans la mer des Sirenes en forme de Nereïdes avec le visage de femme, & la partie inferieure de poissons, comme elles sont representées en quelques Medailles Grecques & Romaines, dont nous venons de parler, & dans celles de Syrie & de Mesopotamie, sous la figure de la Déesse *Derceto*, autrement *Atergatis* Mere de Semiramis, que Lucien nous a si bien décrite dans le fameux Traité qu'il nous a laissé de la Déesse de Syrie.

XLI. Relations d'hommes marins apocryphes.

C'est une grande illusion, que de prétendre que les Sirenes, que l'on represente dans ces Medailles & ailleurs ne sont point fabuleuses, c'est nous renvoyer au Roman de Melusine, de Tristan l'Avanturier, d'Oger le Danois, ou comme dit Rabelais au païs de Tapisserie. Cependant il y a des gens qui y donnent, & qui fondent leur sentiment sur plusieurs Relations apocryphes, où l'on fait mention de Tritons & d'Hommes marins qu'on a veu en divers endroits; & qui l'autorisent sur ce que l'on conserve dans beaucoup de cabinets de curieux, des especes de mains ou plûtôt de pattes d'animaux, comme de Tortuës, qu'on dit être de Sirenes.

J'en ay veu deux chez M. de Menars cét illustre Intendant de Paris *, qui nous a conservé quelque chose de plus précieux que des mains de Sirenes, sçavoir la celebre & excellente Bibliotheque de M. de Thou, qui a fait autrefois les délices des sçavans qui frequentoient son cabinet.

* Presentement President à Mortier.

Mais je remarquay bien-tôt la difference qu'il y a de ces sortes de mains ou plûtôt de ces pattes & nageoires d'animaux, tels que peuvent être de grandes Tortuës, avec les mains des hommes ou des femmes; celles-cy ont un mouvement libre, dénoüé & circonflexe, & se tournent de tout sens, au lieu que les autres l'ont uniforme & toûjours pareil, suivant les dispositions differentes qui se remarquent dans les parties des unes & des autres.

L'on voit auſſi dans la Bibliotheque de ſainte Geneviéve une main ſemblable à celle-cy, qu'on dit être de Sirene.

Diſons donc que les perſonnes qui ne croyent point les Sirenes fabuleuſes, ne ſont pas dans une moindre erreur que ceux qui croyent les Faunes & les Satyres veritables, comme a fait ſaint Jerôme, & qu'Aldroand qui croit les Sirenes de veritables Oiſeaux. Je laiſſe néanmoins aux ſçavans, à décider cette queſtion ; elle regarde plus la Phyſique & l'Hiſtoire Naturelle que la Mythologie, qui nous a principalement occupez juſqu'icy. Retournons-y donc, & reprenons le fil de nôtre diſcours.

XLII. EXEMPLES de l'erreur des Peintres & autres.

Il ſeroit trop long de rapporter icy tous les exemples des Peintres fameux, des Sculpteurs & des Graveurs, & même des Auteurs celebres, qui ſont tombez dans cette erreur: nous nous contenterons d'en alleguer ſeulement quelques-uns.

XLIII. PRIMATICE. Peintures & Tableaux.

François Primatice, dit Bologne, qui a apporté le bon goût de la Peinture & de la Sculpture en France ſous François I. (il luy donna l'Abbaye de ſaint Martin de Troyes) & dont M. Felibien nous a ſi agréablement & ſi ſçavamment décrit la Vie & les Ouvrages, & aprés luy M. le Comte de Malvaſia de Bologne, à qui l'on a encore depuis peu, outre l'Hiſtoire

LES SIRENES. 69

des Peintres de Bologne, l'obligation des Antiquitez de la même Ville, qu'il vient de donner au jour, enrichies d'une infinité d'inscriptions & de monumens antiques, dignes de l'érudition de ce sçavant homme.

Ce Primatice avoit sous luy plusieurs braves élêves entre lesquels étoit *Messer Nicolo de Modêne* ; celuy-cy a peint plusieurs endroits de Fontainebleau sur les desseins de Primatice, & sur tout la grande Salle, où il a représenté l'histoire & les travaux d'Ulysse à son retour de Troyes ; & où l'on voit les Sirenes sous cette forme : exemple seul qui nous doit suffire dans la Peinture, sans que nous nous mettions en peine d'en chercher ailleurs davantage.

Nous voyons dans la Dactyliotheque d'Abraham Gorlay, où il nous a ramassé plusieurs Anneaux & Pierres gravées, une Cornaline sur laquelle est gravée une Sirene en cette maniere, tenant en main une branche de laurier, qui est le symbole de la Victoire.

XLIV.
ABRAHAM Gorlay. Anneaux & Pierres gravées.

J'en ay veu dans les Medailles & dans les Pierres gravées, qui tiennent en main un Miroir, symbole de bonace & de tranquillité, mais suspecte, & qui doit être bien-tôt suivie de tempête. Les Sirenes sont de bon & de mauvais augure ; il vaut mieux les voir dans la tem-

I iij

pête que dans la bonace : les plus grands plaisirs sont toûjours suivis & accompagnez de chagrin & d'amertume, comme dit Lucrece.

Medio de fonte leporum
Surgit amari aliquid.

Nous avons mis au commencement & à la fin de ce discours le type d'une Nereïde, ou Nymphe marine tirée d'une Onice, dont l'attitude est parfaitement belle : elle tient de ses deux mains un Voile élevé en l'air sur sa tête, qu'elle met au vent, & fend de sa poitrine les flots de la mer, ainsi que *Doto & Galathée* sa sœur, dont Virgile nous fait mention au 9. de l'Æneide.

Qualis Nereïa Doto
Et Galathea secant spumantem pectore pontum.

Cette même figure vient encore icy fort à propos, comme dans son lieu propre & naturel, pour l'opposer à celle de Parthenope, que nous venons de representer dans la monnoye de la famille *Petronia*, & à celle des Stymphalides de la famille *Valeria*, que nous allons faire voir incontinent.

Je ne doute pas que cette Galathée avec son air libre & dégagé ne plaise davantage aux yeux de tout le monde, que cette bizarrerie de plumages & de pieds de Coq, que l'antiquité

LES SIRENES. 71

donne aux Sirenes, & qu'on n'aime beaucoup mieux les voir nager agréablement sur les eaux avec cette queüe de poisson, que de voler en l'air, ou cüeillir des fleurs sur la terre avec Proserpine, dans une forme & disposition si extraordinaire, qui a surpris bien des gens, & qu'on a eu de la peine à souffrir.

Vobis, Acheloïdes, unde Pluma, pedesque avium, cum Virginis ora geratis?   Ovid. 5. Metam.

Nous en voyons de la même maniere dans la plûpart des Sculptures & bas reliefs modernes, & même dans quelques anciens.   XLV. Sculptures & bas reliefs.

Alciat nous les a représentées ainsi dans ses Emblêmes. Camerarius l'a imité dans les siennes, & tous les autres l'ont suivi.   XLVI. Emblemes.

72   LES SIRENES.

XLVII. METAMORPHOSES. Ces belles metamorphoses d'Ovide de M. de Benserade gravées par le Clerc & par Chauveau (sans parler des autres) nous les font voir au tour du Navire d'Ulysse en cette forme.

XLVIII. TAPISSERIES. Elles sont aussi representées de la même maniere dans toutes les Tapisseries ; c'est pourquoy Rabelais disoit agréablement, que la plûpart des Auteurs n'avoient veu ces sortes d'animaux extraordinaires, que dans le païs de Tapisserie. Nous pourrions dire encore, qu'il n'y a pas même jusqu'aux enseignes de cabarets qui ne se soient ainsi approprié les Sirenes.

XLIX. FORTUNIUS Licetus. Le celebre *Fortunius Licetus* est tombé dans la même erreur dans son Livre *De absconditis antiquorum lucernis*. Il nous y represente une Nereïde sur un Vase, la partie superieure de Femme, & le bas de Poisson, qu'il explique de la Sirene Parthenope, que nous venons de voir autrement representée dans la monnoye de la famille *Petronia*.

L. LES ANTIQUAIRES, *Fulvius Ursinus* sur la Medaille de la famille *Valeria*. Nous avons lieu de dire icy à cette occasion, que les plus celebres même des Antiquaires ont donné dans ces écueils des Sirenes. Qui auroit pû croire que le sçavant *Fulvius Ursinus*, aprés nous avoir si-bien expliqué la figure de la Sirene *Parthenope* dans la monnoye de la famille *Petronia*, nous eût voulu aussi faire passer pour une Sirene une figure bien differente de celle-là

LES SIRENES.

là dans une autre Medaille de la famille Valeria. L'illuftre M. de Spanheim a bien reconnu cette erreur dans fon Livre de l'excellence des Medailles, où il démêle fort bien la queftion des Sirenes touchant leur figure & leur forme; voicy le type de cette Medaille, que nous avons tiré de fon Livre.

Aldroand nous a décrit les Sirenes d'une maniere tout-à-fait oppofée à celle-cy, car il veut (comme nous venons de le dire) qu'elles ayent été des Oifeaux, qui n'avoient fimplement que la face & la tête de paffereaux, & le refte entierement de Femmes; ce qu'il nous debite, comme l'ayant appris des anciens Grammairiens Grecs, fans en citer aucun, non plus que *Cappacio*, qui dit la même chofe dans fon Hiftoire de Naples. Cette figure au contraire n'a que le vifage de Femme armée d'un cafque & de fleches, & le refte d'oifeau.

Fulvius Urfinus n'a pas deu prendre cette figure pour une Sirene, non plus qu'Antoine

LI.
ERREURS d'Aldroand, de Fulvius Urfinus, d'Antoine Auguftin, & de Noël le Comte.

LII.
HARPIES

prises pour les Sirenes. Augustin pour une Harpie. Je sçay que Noël le Comte, qui ne distingue point cét Oiseau des Harpies, est tombé dans la même erreur en sa Mythologie : on pourroit en quelque maniere excuser l'un & l'autre en les faisant parler allegoriquement, & dire que par ces oiseaux (qui sont des Stymphalides) ils ont signifié, & entendu parler d'une espece de voleurs, qui regnoient dans l'Arcadie, qui avoient les ongles crochus, & qui dépoüilloient les hommes & les faisoient mourir ; comme l'on le dit des Sirenes.

LIII. STYMPHA-LIDES & leur Histoire.

Les Stymphalides selon les Poëtes sont des oiseaux d'Arcadie, du genre desquels Lucrece a parlé en cette maniere.

Lib. 5.

Uncisque timenda
Unguibus Arcadiæ volucres Stymphala colentes.

Ces oiseaux avec leurs ongles crochus & leurs aîles dures comme du fer, & pareilles à des dards avec quoy on les representoit, se jettoient sur les passans & les faisoient mourir. Hercule avec le bruit de ces instrumens qu'Apollodore appelle *crepitacula*, & Diodore de Sicile *crotala*, les effraya & les chassa premierement du marais Stymphale, qui leur a donné le nom de Stymphalides, & les perça ensuite de ses fleches ; c'est de là que nous le voyons representé dans une ancienne Medaille que les Peuples qui habitoient joignant ce marais, avoient frappée en reconnoiſſance de l'inſigne bienfait qu'ils avoient receu de ce Heros, avec cette inſcription συμφαλίων σώτηρος· c'eſt-à-dire liberateur du païs. Ce fut là le ſixiéme des travaux d'Hercule, ſuivant Apollodore & Diodore de Sicile, d'avoir delivré ce marais & ces peuples de ces vilains oiſeaux.

Le ſçavant Evêque de S. Aſaph Anglois rapporte l'Epoque de cette expedition d'Hercule à l'année 1245. avant la naiſſance de Jeſus-Chriſt dans ſa Chronologie ſi attenduë des ſçavans, dont j'ay receu depuis peu de jours la feüille imprimée, qui regarde les douze travaux de ce Heros.

Je renvoye le Lecteur pour ce qui regarde tout le reſte de l'explication de la Medaille de la famille *Valeria*, à ce qu'en dit M. de Spanheim, qui en parle avec ſon erudition ordinaire, auſſi-bien que de ces ſortes d'oiſeaux.

LIV. Concluſion de ce diſcours.

Aprés tout ce que nous venons de dire touchant la forme & la figure des Sirenes, il ne nous reſte plus qu'à conclure en faveur de l'Illuſtre & ſçavant Evêque d'Avranches, qu'elles étoient de leur origine oiſeaux & non poiſſons.

LV. Du [...]

Ce ſçavant Prelat honore quelquefois le Cabinet de ſa preſence, & s'y fait entendre avec la même éloquence dans ses entretiens qu'on observe dans ses écrits. Le dernier qui vient de paroître *de Concordia rationis & fidei*, marque son érudition profonde dans les lettres, tant sacrées que prophanes; & il est écrit si purement en latin, & d'un stile si beau & si charmant, que nous pouvons bien luy appliquer ces paroles de Petrone : *Tanta gratia conciliabat vocem loquentis, tam dulcis sonus pertentatum mulcebat aëra; ut putares inter auras canere Sirenum concordiam.*

> NIER Livre de M. l'Evêque d'Avranches, *de Concordia rationis & fidei.*

Je crains fort, MONSEIGNEUR, qu'on ne dise pas la même chose d'un style aussi peu châtié & si peu digne des Sirenes qu'est le mien; mais qu'au lieu du Proverbe, dont il est fait mention dans Petrone, on ne m'applique celuy-cy qu'on lit dans Galien. *Quel rapport y a-t-il du babil d'une Pie à l'éloquence d'une Sirene.*

> Galen, lib. 2. de diff. pulsuum.

Il ne faut pas fatiguer davantage les Lecteurs. Les Sirenes nous ont amusé assez long-temps à leur maniere : il est dangereux de se trop familiariser avec elles, nous sçavons ce qu'il en coute aux autres; il est temps, MONSEIGNEUR, de les quitter, & de leur dire avec le Consul Romain, qu'elles nous laissent avec les Muses travailler en repos à la guerison de nos passions. *Sed abite quantocius, Sirenes us-*

> Boet. de Cons. Philos.

que in exitium dulces, meisque cum Musis cu-
randum sanandumque relinquite.

C'est ainsi qu'il semble que nous devons finir ce discours, pour entrer dans l'esprit du Poëte qui nous a parlé le premier des Sirenes, & qui dans tous les Livres qu'il nous a laissez de la vie & des travaux d'Ulysse, nous a donné de grandes leçons pour la conduite de la nostre propre, & sur tout dans ce qu'il nous en rapporte en particulier des Sirenes. Il faut imiter son Heros, & s'attacher comme lui au mât du navire, envisager la patrie d'un œil fixe, & ne la perdre jamais de veuë pour quoyque ce soit, comme des passagers qui vont à la conquête d'une autre demeure que celle-cy, sans nous laisser seduire à ses appas trompeurs, ni à ses vains plaisirs.

LVI. GRANDE leçon de morale tirée de la Fable des Sirenes.

J'aime le Cabinet, parce qu'on n'y donne point dans ces vaines curiositez de Philosophie, qu'on y aime l'Histoire, les beaux arts, les belles lettres, la belle morale, & que parmi quelques nouvelles du temps dont on s'y entretient, parce qu'il est bon de sçavoir comme l'on vit dans le monde, on y mêle toûjours beaucoup de discours utiles & qui édifient; mais sur tout, parce que depuis son établissement jusqu'à present, on y a toûjours veu regner une grande concorde & une parfaite union.

LVII. QUELS sont les entretiens du Cabinet.

K iij

LES SIRENES.

Je m'eſtimerois heureux, MONSEIGNEUR, ſi ce petit ouvrage qui y a pris naiſſance, pouvoit contribuer à faire paſſer quelques momens avec plaiſir à Vôtre Grandeur. Je ne doute pas aprés cela, que le Cabinet qu'elle a autrefois honoré de ſa preſence, & qui s'en tient glorieux, ne me ſçeût quelque gré d'avoir entrepris de le luy preſenter; je ne pourrois mieux que par là me revancher de tant d'agreables heures que j'y paſſe tous les jours, ni me dire avec un plus grand plaiſir & un plus profond reſpect tout enſemble, ſon tres-humble & tres-obeïſſant ſerviteur, NICAISE.

A Paris le 25. Juillet 1690.

TABLE DES SOMMAIRES.

I.	Histoire du Cabinet,	Page 4.
II.	Sujet de ce Discours,	14.
III.	Preliminaires à la question des Sirenes,	16.
IV.	Traité de Paul Lomazze *della forma delle Muse*,	ibid.
V.	De l'Ouvrage posthume de la Peinture de M. du Jon,	17.
VI.	Erreurs des Peintres,	19.
VII.	De l'origine & de la naissance des Sirenes,	20.
VIII.	Du nombre des Sirenes,	21.
IX.	Du lieu & de l'habitation des Sirenes,	22.
X.	Sirenes de Platon, & d'Epicure,	25.
XI.	Portrait des Sirenes difficile à faire,	ibid.
XII.	Portrait des Sirenes dans Claudien,	27
XIII.	Saint Jerôme sur les Sirenes,	28
XIV.	De l'ancien Theatre de Naples,	29
XV.	Eloge de la Ville de Naples sejour des Sirenes,	32
XVI.	Tableau de la Ville de Naples, & de son gouvernement par Giotto,	33
XVII.	Divers noms & symboles des Sirenes,	38
XVIII.	Platon & Ciceron sur les Sirenes,	ibid.
XIX.	Divers sentimens des Platoniciens sur les Sirenes accordez,	44
XX.	Symbole de Pythagore touchant les Sirenes & leurs aîles,	46
XXI.	Sirenes, symbole d'une parfaite éloquence,	Ibid.
XXII.	Suite des symboles des Sirenes & de leurs divers noms,	47
XXIII.	Du chant des Sirenes,	51
XXIV.	Le mot de Sirene vient de la langue Punique ou Hebraïque, & non de la Grecque,	53
XXV.	Orphée, & Timothée,	ibid.
XXVI.	Du Livre intitulé *Noctes Solitariæ* de *J. B. Persona*,	54
XXVII.	Du P. Kirker Jesuite, & de son Livre intitulé *Musurgia*,	55
XXVIII.	De l'Histoire de la Musique de M. Ouvrard,	ibid.
XXIX.	M. Peiresk & M. Begon Intendant,	56
XXX.	M. le Cardinal Bona,	ibid.
XXXI.	De la mort ou métamorphose des Sirenes,	58
XXXII.	Deux états dans les Sirenes,	59
XXXIII.	Figure des Sirenes tirée des Medailles, comme des monumens les plus autentiques,	ibid.
XXXIV.	Figure de Sirene au Parvis Nôtre-Dame de Paris,	62

TABLE DES SOMMAIRES.

XXXV.	Erreur d'Aldroand,	63
XXXVI.	Autre erreur d'Aldroand,	ibid.
XXXVII.	Figure des Sirenes tirée des bas reliefs anciens,	64
XXXVIII.	Medaille de la famille Petronia,	ibid.
XXXIX.	De la famille Petronia,	65
XL.	Opinion de Theodore de Gaze & de Trapesonce, occasion d'erreur aux Peintres, &c.	66
XLI.	Relations d'hommes marins apocryphes,	ibid.
XLII.	Exemples de l'erreur des Peintres & autres,	68
XLIII.	Primatice. Peintures & Tableaux,	ibid.
XLIV.	Abraham Gorlay. Anneaux & Pierres gravées,	69
XLV.	Sculptures & bas reliefs,	71
XLVI.	Emblemens,	ibid.
XLVII.	Metamorphoses,	72
XLVIII.	Tapisseries,	ibid.
XLIX.	Fortunius Licetus,	ibid.
L.	Les Antiquaires *Fulvius Ursinus* sur la Medaille de la famille Valeria,	ibid
LI.	Erreurs d'Aldroand, de Fulvius Ursinus, d'Antoine Augustin, & Noël le Comte,	73
LII.	Harpies prises pour les Sirenes,	ibid.
LIII.	Stymphalides & leur Histoire,	74
LIV.	Conclusion de ce discours,	75
LV.	Du dernier Livre de M. l'Evêque d'Avranches, *de Concordia rationis & fidei*,	ibid.
LVI.	Grande leçon de morale tirée de la Fable des Sirenes,	77
LVII.	Quels sont les entretiens du Cabinet,	ibid.

EXTRAIT DU PRIVILEGE DU ROY.

PAr Lettres Patentes du Roy données à Paris le 16. Fevrier 1691. & scellées du grand Sceau de cire jaune, il est permis au Sieur Jean Anisson Directeur de l'Imprimerie Royale, d'imprimer un Livre intitulé *Les Sirenes, ou Discours sur leur forme & figure*, par M. *l'Abbé Nicaise, &c.* & ce pendant le temps de six années. Avec défenses, &c.

Registré sur le Livre de la Communauté des Imprimeurs & Libraires de Paris le 26. Fevrier 1691. P. AUBOÜYN, Syndic.

www.ingramcontent.com/pod-product-compliance
Lightning Source LLC
LaVergne TN
LVHW050608090426
835512LV00008B/1386